한국어 능력시험

토픽
ON
유튜브

TOPIK on YouTube

문제집

한글파크

목차

듣기&해설

제1회 실전모의고사

TOPIK I

듣기, 읽기
(Listening, Reading)

수험번호(Registration No.)		
이름 (Name)	한국어(Korean)	
	영 어(English)	

유 의 사 항
Information

1. 시험 시작 지시가 있을 때까지 문제를 풀지 마십시오.
   Do not open the booklet until you are allowed to start.

2. 접수번호와 이름은 정확하게 적어 주십시오.
   Write your name and registration number on the answer sheet.

3. 답안지를 구기거나 훼손하지 마십시오.
   Do not fold the answer sheet; keep it clean.

4. 답안지의 이름, 접수번호 및 정답의 기입은 컴퓨터용 펜을 사용하여 주십시오.
   Use the optical mark reader(OMR) pen only.

5. 정답은 답안지에 정확하게 표시하여 주십시오.
   Mark your answer accurately and clearly on the answer sheet.

   marking example ① ● ③ ④

6. 문제를 읽을 때에는 소리가 나지 않도록 하십시오.
   Keep quiet while answering the questions.

7. 질문이 있을 때에는 손을 들고 감독관이 올 때까지 기다려 주십시오.
   When you have any questions, please raise your hand.

※ **[1-4] 다음을 듣고 [보기]와 같이 물음에 맞는 대답을 고르십시오.**

[보기]

가: 물이에요?

나: _____

❶ 네, 물이에요.   ② 네, 물이 아니에요.

③ 아니요, 물이 좋아요.   ④ 아니요, 물이 맛있어요.

---

1. (4점)

① 네, 안경이 싸요.   ② 네, 안경이 좋아요.

③ 아니요, 안경이 없어요.   ④ 아니요, 안경이 아니에요.

2. (4점)

① 네, 학교가 없어요.   ② 네, 학교에서 일해요.

③ 아니요, 학교에 안 가요.   ④ 아니요, 학교가 아니에요.

3. (3점)

① 주말에 갈 거예요.   ② 시장에서 살 거예요.

③ 도서관에 갈 거예요.   ④ 백화점에서 살 거예요.

4. (3점)

① 아침에 만들었어요.   ② 친구가 만들었어요.

③ 집에서 만들었어요.   ④ 김밥을 만들었어요.

[5~6] 다음을 듣고 보기 와 같이 이어지는 말을 고르십시오.

┌─────────────── 보기 ───────────────┐

가: 안녕히 계세요.

나: _____

① 말씀하세요.   ② 어서 오세요.

❸ 안녕히 가세요.   ④ 안녕히 계세요.

└─────────────────────────────────┘

5. (4점)

① 미안해요.   ② 고마워요.

③ 괜찮아요.   ④ 반가워요.

6. (3점)

① 네, 저도요.   ② 네, 전데요.

③ 네, 알겠어요.   ④ 네, 들어오세요.

※ **[7~10] 여기는 어디입니까? 보기 와 같이 알맞은 것을 고르십시오.**

┌─────────────── 보기 ───────────────┐

가: 어떻게 오셨어요?

나: 이거 한국 돈으로 바꿔 주세요.

❶ 은행   ② 시장   ③ 도서관   ④ 박물관

└─────────────────────────────────┘

7. (3점)

① 약국   ② 서점   ③ 박물관   ④ 도서관

8. (3점)

① 빵집   ② 극장   ③ 식당   ④ 약국

9. (3점)

① 택시   ② 공항   ③ 버스   ④ 지하철

10. (4점)

① 회사   ② 식당   ③ 교실   ④ 미용실

※ **[11-14] 다음은 무엇에 대해 말하고 있습니까? 보기와 같이 알맞은 것을 고르십시오.**

보기

가: 누구예요?

나: 이 사람은 형이고, 이 사람은 동생이에요.

❶ 가족   ② 친구   ③ 선생님   ④ 부모님

11. (3점)

① 이름   ② 직업   ③ 친구   ④ 국적

12. (3점)

① 약속   ② 장소   ③ 취미   ④ 초대

13. (4점)

① 나라   ② 직업   ③ 경험   ④ 위치

14. (3점)

① 초대   ② 명절   ③ 선물   ④ 계절

※ [15-16] 다음 대화를 듣고 알맞은 그림을 고르십시오. (각 4점)

15. ①  ②

③  ④

16. ①  ②

③  ④

※　**[17–21] 다음을 듣고 보기 와 같이 대화 내용과 같은 것을 고르십시오. (각 3점)**

> ┌─ 보기 ─┐
>
> **남자: 편지를 써요?**
>
> **여자: 네, 동생한테 편지를 써요.**
>
> ① 남자는 동생입니다.   ② 여자는 편지를 읽습니다.
>
> ③ 남자는 편지를 씁니다.   ❹ 여자는 동생이 있습니다.

17. ① 남자는 약을 먹었습니다.

    ② 여자는 감기에 걸렸습니다.

    ③ 여자는 지난주부터 아팠습니다.

    ④ 남자는 여자와 같이 병원에 갈 겁니다.

18. ① 여자는 이미 기차표를 예매했습니다.

    ② 남자는 내일 일이 있어서 못 갑니다.

    ③ 두 사람은 내일 오후에 출발할 겁니다.

    ④ 두 사람은 만나서 같이 기차역에 갈 겁니다.

19. ① 여자는 설악산에 가 봤습니다.

    ② 두 사람은 지금 설악산에 있습니다.

    ③ 남자는 바빠서 여행 갈 시간이 없습니다.

    ④ 두 사람은 다음 주에 설악산에 갈 겁니다.

20. ① 여자는 매일 아르바이트를 합니다.

    ② 두 사람은 편의점에서 만날 겁니다.

    ③ 남자는 지금 아르바이트를 하고 있습니다.

    ④ 여자는 남자에게 아르바이트를 소개해 줄 겁니다.

21. ① 여자는 남자를 도와줄 겁니다.

② 여자는 불고기를 만들 줄 모릅니다.

③ 남자는 여자의 집에 초대받았습니다.

④ 남자의 친구는 매운 음식을 좋아합니다.

※ [22-24] 다음을 듣고 여자의 중심 생각을 고르십시오. (각 3점)

22. ① 음식은 적당히 사야 합니다.

② 물건은 많이 사면 싸서 좋습니다.

③ 물건을 살 때 가격을 꼭 봐야 합니다.

④ 우유는 3일 동안 다 마실 수 있습니다.

23. ① 자동차로 출근하는 것이 편합니다.

② 지하철은 사람이 많아서 불편합니다.

③ 지하철은 빠르고 요금이 싸서 좋습니다.

④ 출근 시간에는 지하철보다 차가 더 빠릅니다.

24. ① 영화를 보면 기분이 좋아집니다.

② 영화는 외국어 공부에 좋은 방법입니다.

③ 영화는 모든 공부에 도움이 되지 않습니다.

④ 영화를 보면서 많은 것을 배울 수 있습니다.

※ **[25-26] 다음을 듣고 물음에 답하십시오.**

25. 여자가 왜 이 이야기를 하고 있는지 고르십시오. (3점)
① 마트 물건을 소개하려고
② 마트 이용 방법을 안내하려고
③ 마트 물건 세일을 알려 주려고
④ 마트 이용 시간을 알려 주려고

26. 들은 내용과 같은 것을 고르십시오. (4점)
① 포도는 한 송이에 만 원입니다.
② 사과는 한 상자에 삼천 원입니다.
③ 과일 세일은 3시부터 시작합니다.
④ 과일 세일이 끝나고 고기도 싸게 팔 겁니다.

※ **[27-28] 다음을 듣고 물음에 답하십시오.**

27. 두 사람이 무엇에 대해 이야기를 하고 있는지 고르십시오. (3점)
① 상품 주문
② 상품 교환
③ 상품 환불
④ 상품 취소

28. 들은 내용과 같은 것을 고르십시오. (4점)
① 여자는 남자에게 연락할 겁니다.
② 여자는 신발을 교환하려고 합니다.
③ 남자는 직접 신발을 사러 왔습니다.
④ 남자는 파란색 운동화를 주문했습니다.

29. 여자가 TV 프로그램에 나가고 싶은 이유를 고르십시오. (3점)

    ① 선생님을 찾고 싶어서

    ② 연예인이 되고 싶어서

    ③ 동생이 TV에 나가라고 해서

    ④ 아픈 친구를 도와주고 싶어서

30. 들은 내용과 같은 것을 고르십시오. (4점)

    ① 남자는 만나고 싶은 사람이 있습니다.

    ② 남자는 선생님에게 선물을 받았습니다.

    ③ 여자는 어렸을 때 건강이 안 좋았습니다.

    ④ 여자는 태어난 곳에서 계속 살고 있습니다.

※ [31–33] 무엇에 대한 이야기입니까? 보기 와 같이 알맞은 것을 고르십시오. (각 2점)

보기

사과가 있습니다. 그리고 배도 있습니다.

① 요일　　　② 날짜　　　❸ 과일　　　④ 얼굴

31.

친구는 눈이 큽니다. 그런데 입은 작습니다.

① 얼굴　　　② 나이　　　③ 성격　　　④ 건강

32.

저는 불고기를 좋아합니다. 불고기는 맛있습니다.

① 취미　　　② 요일　　　③ 공부　　　④ 음식

33.

저는 축구를 잘합니다. 동생은 농구를 잘합니다.

① 운동　　　② 날씨　　　③ 과일　　　④ 숙제

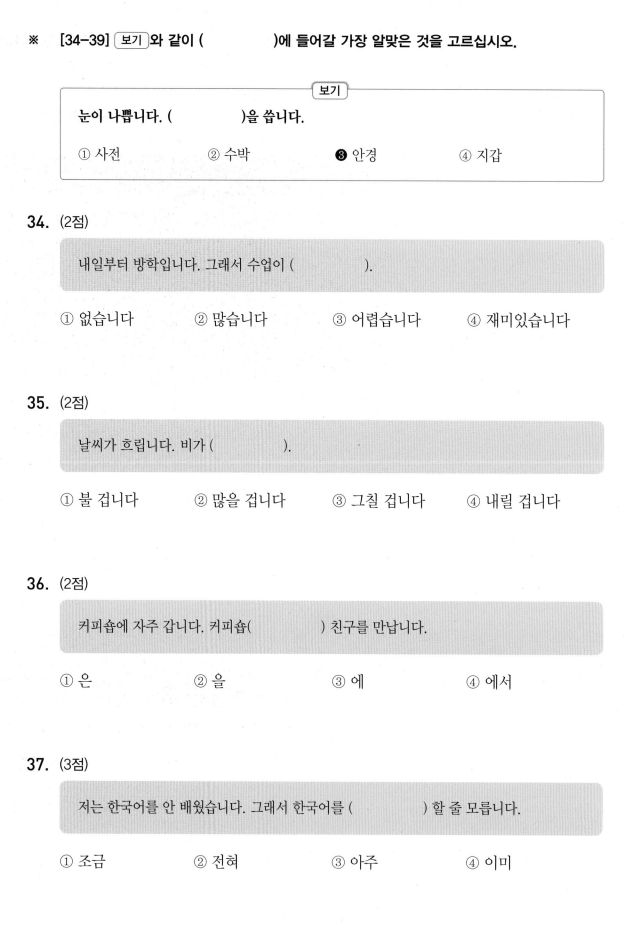

※ [34–39] 보기와 같이 (   )에 들어갈 가장 알맞은 것을 고르십시오.

┌─────────────────── 보기 ───────────────────┐

눈이 나쁩니다. (   )을 씁니다.

① 사전   ② 수박   ❸ 안경   ④ 지갑

└───┘

34. (2점)

내일부터 방학입니다. 그래서 수업이 (   ).

① 없습니다   ② 많습니다   ③ 어렵습니다   ④ 재미있습니다

35. (2점)

날씨가 흐립니다. 비가 (   ).

① 불 겁니다   ② 많을 겁니다   ③ 그칠 겁니다   ④ 내릴 겁니다

36. (2점)

커피숍에 자주 갑니다. 커피숍(   ) 친구를 만납니다.

① 은   ② 을   ③ 에   ④ 에서

37. (3점)

저는 한국어를 안 배웠습니다. 그래서 한국어를 (   ) 할 줄 모릅니다.

① 조금   ② 전혀   ③ 아주   ④ 이미

38. (2점)

> 주말마다 영화를 봅니다. (   )에 자주 갑니다.

① 극장   ② 가게   ③ 서점   ④ 은행

39. (3점)

> 어제는 배가 아팠습니다. 그래서 집에서 (   ).

① 갔습니다   ② 샀습니다   ③ 쉬었습니다   ④ 먹었습니다

※ **[40–42] 다음을 읽고 맞지 <u>않는</u> 것을 고르십시오. (각 3점)**

40.

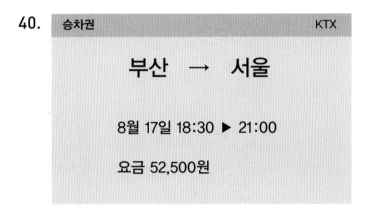

승차권	KTX

부산 → 서울

8월 17일 18:30 ▶ 21:00

요금 52,500원

① 8월 17일에 출발합니다.
② 부산에서 서울까지 갑니다.
③ 표는 한 장에 52,500원입니다.
④ 오후 6시 30분에 부산에 도착합니다.

41.

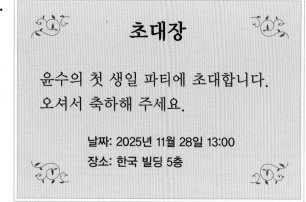

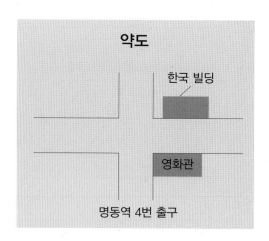

① 윤수는 11월에 태어났습니다.

② 생일 파티는 오후에 시작할 겁니다.

③ 윤수는 작년에도 생일 파티를 했습니다.

④ 한국 빌딩은 영화관 건너편에 있습니다.

42.

〈지갑을 찾습니다!〉

저는 어제 화장실에서 지갑을 잃어버렸습니다.
제 지갑은 검은색입니다.
지갑 안에 돈, 학생증, 가족사진이 있습니다.
제 지갑을 보신 분은 연락해 주세요.

전화번호 : 010-5666-2341 스티븐

① 지갑은 까만색입니다.

② 지갑 안에 현금이 있습니다.

③ 이 사람은 지갑을 찾았습니다.

④ 지갑을 찾으면 전화해야 합니다.

43. (3점)

> 저는 축구를 좋아합니다. 그래서 주말마다 집에서 축구 경기를 보거나 경기장에 가서 봅니다. 하지만 축구를 잘 못해서 축구하는 건 별로 안 좋아합니다.

① 저는 축구를 잘합니다.
② 저는 집에서만 축구를 봅니다.
③ 저는 축구 보는 걸 좋아합니다.
④ 저는 다음 주말에도 축구하러 갈 겁니다.

44. (2점)

> 내일 날씨가 좋으면 친구하고 한강 공원에 갈 겁니다. 친구가 음식을 만들어 오고, 저는 카메라를 가져갈 겁니다. 우리는 자전거도 타고 사진도 많이 찍을 겁니다.

① 친구는 음식을 사 올 겁니다.
② 지난 주말에 한강 공원에 갔습니다.
③ 카메라가 없어서 사진을 못 찍습니다.
④ 한강 공원에서 자전거를 탈 수 있습니다.

45. (3점)

> 집에 안 쓰는 물건이 많이 있습니다. 다 깨끗하지만 저한테는 필요 없는 것입니다. 그래서 저는 이 물건들을 필요한 사람에게 그냥 주고 싶습니다.

① 저는 인터넷에서 물건을 팔 겁니다.
② 저는 안 쓰는 물건은 모두 버릴 겁니다.
③ 저는 사람들에게 물건을 무료로 줄 겁니다.
④ 저는 친구들에게 필요한 물건을 받았습니다.

※ [46-48] 다음을 읽고 중심 생각을 고르십시오.

46. (3점)

> 저는 바빠서 1년 동안 고향에 못 갔습니다. 그래서 다음 주말에 부모님께서 한국에 오시기로 했습니다. 빨리 주말이 오면 좋겠습니다.

① 저는 요즘 일이 바쁩니다.
② 저는 고향에 가고 싶습니다.
③ 저는 부모님이 빨리 보고 싶습니다.
④ 저는 1년 동안 한국에서 살았습니다.

47. (3점)

> 한국에 처음 왔을 때 한국어를 잘 못해서 정말 힘들었습니다. 그때 한국 친구가 저를 많이 도와줬습니다. 지금도 그 친구와 친하게 지냅니다.

① 저는 한국어를 잘 못합니다.
② 저는 친구를 많이 도와줬습니다.
③ 저는 이번에 한국에 처음 왔습니다.
④ 저는 한국 친구 덕분에 한국에서 잘 지냅니다.

48. (2점)

> 저는 커피를 좋아합니다. 그런데 요즘 커피를 많이 마셔서 잠을 잘 못 잡니다. 그래서 이제부터 하루에 한 잔만 마시기로 했습니다.

① 저는 커피가 정말 좋습니다.
② 저는 커피를 많이 안 마실 겁니다.
③ 저는 커피를 마셔도 잠이 잘 옵니다.
④ 저는 커피를 더 많이 마시고 싶습니다.

처음에는 사람들이 가격이 비싼 물건을 살 때 카드를 사용했습니다. (㉠   ) 요즘은 편의점에서 싼 물건도 카드로 살 수 있습니다. 그래서 현금보다 카드를 많이 사용합니다. 이렇게 현금을 쓰는 일이 적어지면 앞으로는 현금이 없어질 것 같습니다.

49. ㉠에 들어갈 알맞은 말을 고르십시오.

① 그리고   ② 그러나

③ 그래서   ④ 그러면

50. 이 글의 내용과 같은 것을 고르십시오.

① 비싼 물건은 카드로 사야 합니다.

② 요즘은 카드만 사용할 수 있습니다.

③ 요즘 사람들은 카드를 많이 사용합니다.

④ 편의점에서는 현금을 사용하기 힘듭니다.

> 우리 도서관은 월요일부터 금요일까지 오전 9시부터 오후 9시까지 이용할 수 있습니다. 토요일에는 오후 1시에 문을 닫고 일요일에는 쉽니다. 책은 한 사람에 5권까지 빌릴 수 있고, 기간 내에 책을 (㉠   ). 반납하지 않으면 일주일 동안 책을 빌릴 수 없습니다.

51. ㉠에 들어갈 알맞은 말을 고르십시오. (3점)

① 반납할 겁니다   ② 반납해야 합니다

③ 반납하려고 합니다   ④ 반납할 수 있습니다

52. 무엇에 대한 이야기인지 맞는 것을 고르십시오. (2점)

① 도서관 책 소개

② 도서관 이용 안내

③ 도서관 쉬는 날 안내

④ 도서관에서 책을 빌리는 방법

※ **[53-54] 다음을 읽고 물음에 답하십시오.**

> 부모들은 주말에 비가 오면 아이들과 나가서 놀 수 없기 때문에 (㉠   ) 많습니다. 이럴 때 종이접기는 아이들과 할 수 있는 좋은 놀이입니다. 색종이와 테이프만 있으면 다양한 것을 만들 수 있어서 아이들이 아주 좋아합니다.

53. ㉠에 들어갈 알맞은 말을 고르십시오. (2점)

① 고민이   ② 관심이

③ 문제가   ④ 실수가

54. 이 글의 내용과 같은 것을 고르십시오. (3점)

① 아이들은 비가 오면 싫어합니다.

② 종이접기는 어른들만 할 수 있습니다.

③ 집 안에는 색종이와 테이프가 많습니다.

④ 종이접기는 아이들과 할 수 있는 좋은 놀이입니다.

> 운동을 할 때 (⊙) 바로 운동을 하면 다치기 쉽습니다. 따라서 운동을 하기 전에는 반드시 가벼운 스트레칭을 해야 합니다. 또 나이에 맞는 운동을 해야 합니다. 아이들은 친구들과 함께 할 수 있는 운동이 좋고, 어른들은 천천히 걷는 운동이 좋습니다.

55. ⊙에 들어갈 알맞은 말을 고르십시오. (2점)

① 준비운동을 하는데   ② 준비운동을 하려고

③ 준비운동을 안 해서   ④ 준비운동을 하지 않고

56. 이 글의 내용과 같은 것을 고르십시오. (3점)

① 운동을 하면 다칩니다.

② 걷기는 오래하면 좋습니다.

③ 어른과 아이의 운동은 달라야 합니다.

④ 어른과 아이가 함께 운동을 하는 것이 좋습니다.

※ **[57~58] 다음을 순서대로 맞게 나열한 것을 고르십시오.**

57. (3점)

> (가) 나는 한복입기 체험을 해 보았습니다.
>
> (나) 한복을 입고 사진도 찍어볼 수 있어서 좋았습니다.
>
> (다) 남산한옥마을에는 여러 가지 전통 프로그램이 있었습니다.
>
> (라) 지난 주말에 다양한 체험을 하고 싶어서 남산한옥마을에 갔습니다.

① (가)-(나)-(다)-(라)   ② (가)-(나)-(라)-(다)

③ (라)-(다)-(가)-(나)   ④ (라)-(다)-(나)-(가)

58. (2점)

> (가) 청소 기간은 내일부터 일주일 동안입니다.
>
> (나) 우리 아파트 지하 주차장 청소를 하려고 합니다.
>
> (다) 일주일 후에는 다시 주차장을 이용하실 수 있습니다.
>
> (라) 내일부터는 자동차를 다른 곳에 주차하여 주시기 바랍니다.

① (가)-(나)-(다)-(라)   ② (가)-(라)-(다)-(나)

③ (나)-(다)-(라)-(가)   ④ (나)-(가)-(라)-(다)

※ **[59~60] 다음을 읽고 물음에 답하십시오.**

> 요즘 걷기 여행을 하는 사람들이 많아지고 있습니다. (㉠) 걷기 운동은 집 근처에서도 할 수 있지만 걷기 여행을 하면 여행지를 걸으면서 아름다운 경치도 감상할 수 있습니다. (㉡) 보통 여행은 가족이나 친구들과 많이 갑니다. (㉢) 혼자 걸으면서 음악을 듣거나 조용히 생각을 할 수 있어서 좋기 때문입니다. (㉣)

59. 다음 문장이 들어갈 곳을 고르십시오. (2점)

> 그러나 걷기 여행은 혼자 가는 여행자들이 많습니다.

① ㉠　　　　　② ㉡　　　　　③ ㉢　　　　　④ ㉣

60. 이 글의 내용과 같은 것을 고르십시오. (3점)
① 걷기 운동이 걷기 여행보다 좋습니다.
② 걷기 여행은 혼자하기 좋은 여행입니다.
③ 요즘 가족과 여행가는 사람들이 많습니다.
④ 걷기 여행은 집 근처에서도 할 수 있습니다.

> 잠을 자기 전에 아이에게 책을 읽어주면 아이가 좋은 꿈을 꿀 수 있습니다. 이때 많은 책을 읽어주는 것보다는 두세 권 정도를 매일 밤 읽어주는 것이 중요합니다. 그리고 책을 읽어줄 때 아이의 눈을 (㉠) 읽어주면 아이가 마음이 편안해서 잠을 잘 잘 수 있습니다. 이렇게 아이가 10세가 될 때까지 자기 전에 책을 읽어주는 것이 좋다고 합니다.

61. ㉠에 들어갈 알맞은 말을 고르십시오.

① 보지만 　　　　　　　　　② 보거나

③ 보면서 　　　　　　　　　④ 보려고

62. 이 글의 내용과 같은 것을 고르십시오.

① 부모가 책을 많이 읽어야 합니다.

② 아이들은 혼자 자기 전에 책을 읽습니다.

③ 자기 전에 아이에게 책을 읽어주는 것이 좋습니다.

④ 아이가 10살이 되면 자기 전에 책을 읽어야 합니다.

※ [63–64] 다음을 읽고 물음에 답하십시오.

제1회 가족 연극 축제

안녕하세요? 서울시에서는 부모님과 어린이가 함께 볼 수 있는 연극 축제를 준비했습니다. 재미있고 좋은 연극을 가족이 함께 보면서 이야기도 할 수 있습니다. 이번 축제에 꼭 오셔서 즐거운 시간을 보내시기 바랍니다.

요일마다 다양한 공연이 준비되어 있으니 예매를 서두르세요!!

날짜: 10월 1일 ~ 10월 7일
장소: 서울시 문화 극장
예매: 가족 연극 축제 홈페이지

63. 왜 이 글을 썼는지 맞는 것을 고르십시오. (2점)
① 공연을 준비하려고
② 연극 축제를 소개하려고
③ 공연 내용을 이야기하려고
④ 연극 표 예매하는 방법을 알려 주려고

64. 이 글의 내용과 같은 것을 고르십시오. (3점)
① 매일 다양한 공연을 볼 수 있습니다.
② 서울시에서는 매년 연극 축제를 했습니다.
③ 어린이가 혼자 볼 수 있는 연극도 있습니다.
④ 연극을 보려면 일주일 전에 예매해야 합니다.

※ **[65~66] 다음을 읽고 물음에 답하십시오.**

> 한국의 단풍은 색이 예뻐서 사람들에게 인기가 많습니다. 그래서 매년 가을이 되면 주말에 단풍 구경을 하러 가는 사람들로 고속도로가 매우 복잡합니다. 평일에는 서울에서 강원도까지 보통 3시간 정도 (㉠) 주말에는 길이 막혀서 5시간 정도 걸립니다. 시간은 오래 걸리지만 사람들은 단풍 구경할 생각에 즐겁습니다.

65. ㉠에 들어갈 알맞은 말을 고르십시오. (2점)

① 걸려서   ② 걸리고

③ 걸리면   ④ 걸리는데

66. 이 글의 내용과 같은 것을 고르십시오. (3점)

① 고속도로는 평소에 더 복잡합니다.

② 한국의 단풍은 예뻐서 유명합니다.

③ 길이 막혀서 사람들은 기분이 나쁩니다.

④ 서울에서 강원도까지 보통 5시간 정도 걸립니다.

여름이 되면 다이어트를 하는 여성들이 많습니다. 그런데 다이어트를 하는 것은 정말 쉽지 않습니다. 특히 낮에 음식을 조금 먹으면 밤에 배가 고파서 힘듭니다. 이때, 고구마를 준비하면 좋습니다. 고구마를 우유와 같이 먹으면 조금만 먹어도 (㉠   ) 건강에도 좋습니다.

67. ㉠에 들어갈 알맞은 말을 고르십시오.

① 맛있고   ② 살이 찌고

③ 배가 고프고   ④ 배가 부르고

68. 이 글의 내용과 같은 것을 고르십시오.

① 여름에 다이어트를 해야 합니다.

② 밤에 배가 고프면 참아야 합니다.

③ 다이어트를 하는 것은 어렵지 않습니다.

④ 다이어트를 할 때 고구마가 도움이 됩니다.

> 바쁜 직장인들이 집에서 음식을 하는 것은 (㉠   ). 시장에 가서 재료도 사야
> 하고 요리도 해야 합니다. 그리고 먹은 후에 설거지도 해야 합니다. 그래서 이렇게 바쁜
> 직장인들을 위해서 간단한 요리를 소개하고 있는 책이 인기를 얻고 있습니다.

69. ㉠에 들어갈 알맞은 말을 고르십시오.

① 귀찮은 일입니다   ② 간단한 일입니다

③ 자주 해야 합니다   ④ 어려운 일이 아닙니다

70. 이 글의 내용으로 알 수 있는 것을 고르십시오.

① 집에서 만드는 음식은 복잡합니다.

② 집에서 요리를 하려면 시작을 잘해야 합니다.

③ 직장인들은 집에서 음식을 먹을 수 없습니다.

④ 직장인들은 간단하게 만들 수 있는 음식을 좋아합니다.

제2회
실전모의고사

TOPIK I

듣기, 읽기
(Listening, Reading)

수험번호(Registration No.)		
이름 (Name)	한국어(Korean)	
	영 어(English)	

유 의 사 항
Information

1. 시험 시작 지시가 있을 때까지 문제를 풀지 마십시오.
   Do not open the booklet until you are allowed to start.

2. 접수번호와 이름은 정확하게 적어 주십시오.
   Write your name and registration number on the answer sheet.

3. 답안지를 구기거나 훼손하지 마십시오.
   Do not fold the answer sheet; keep it clean.

4. 답안지의 이름, 접수번호 및 정답의 기입은 컴퓨터용 펜을 사용하여 주십시오.
   Use the optical mark reader(OMR) pen only.

5. 정답은 답안지에 정확하게 표시하여 주십시오.
   Mark your answer accurately and clearly on the answer sheet.

   marking example ① ● ③ ④

6. 문제를 읽을 때에는 소리가 나지 않도록 하십시오.
   Keep quiet while answering the questions.

7. 질문이 있을 때에는 손을 들고 감독관이 올 때까지 기다려 주십시오.
   When you have any questions, please raise your hand.

※ **[1-4] 다음을 듣고 보기 와 같이 물음에 맞는 대답을 고르십시오.**

보기

가: 물이에요?

나: _____

❶ 네, 물이에요.　　　　　　　　② 네, 물이 아니에요.

③ 아니요, 물이 좋아요.　　　　　④ 아니요, 물이 맛있어요.

1. (4점)

① 네, 신발이 커요.　　　　　　　② 네, 신발이 작아요.

③ 아니요, 신발이에요.　　　　　　④ 아니요, 신발이 있어요.

2. (4점)

① 네, 좋아요.　　　　　　　　　　② 네, 공부하세요.

③ 아니요, 아직 안 했어요.　　　　④ 아니요, 공부할 거예요.

3. (3점)

① 집에 가요.　　　　　　　　　　② 식당에 있어요.

③ 언니하고 있어요.　　　　　　　④ 친구를 안 만나요.

4. (3점)

① 많이 샀어요.　　　　　　　　　② 4시에 샀어요.

③ 친구하고 샀어요.　　　　　　　④ 백화점에서 샀어요.

※ [5~6] 다음을 듣고 보기 와 같이 이어지는 말을 고르십시오.

┌─────────────── 보기 ───────────────┐
│ 가: 안녕히 계세요.   │
│ 나: _____   │
│   │
│ ① 말씀하세요.   ② 어서 오세요.   │
│ ❸ 안녕히 가세요.   ④ 안녕히 계세요.   │
└────────────────────────────────────┘

5. (4점)
① 미안해요.　　　　　　　② 고마워요.
③ 반가워요.　　　　　　　④ 괜찮아요.

6. (3점)
① 잘 지냈어요.　　　　　　② 어서 오세요.
③ 네, 반가웠어요.　　　　④ 잘 다녀오세요.

※ [7~10] 여기는 어디입니까? 보기 와 같이 알맞은 것을 고르십시오.

┌─────────────── 보기 ───────────────┐
│ 가: 어떻게 오셨어요?   │
│ 나: 이거 한국 돈으로 바꿔 주세요.   │
│   │
│ ❶ 은행   ② 시장   ③ 도서관   ④ 박물관 │
└────────────────────────────────────┘

7. (3점)
① 병원　　　　② 미용실　　　　③ 세탁소　　　　④ 우체국

8. (3점)
① 호텔　　　　② 시장　　　　③ 우체국　　　　④ 여행사

9. (3점)
　① 빵집　　　　② 식당　　　　③ 백화점　　　　④ 미술관

10. (4점)
　① 시장　　　　② 병원　　　　③ 회사　　　　④ 학교

※　[11~14] 다음은 무엇에 대해 말하고 있습니까? 보기와 같이 알맞은 것을 고르십시오.

보기

가: 누구예요?
나: 이 사람은 형이고, 이 사람은 동생이에요.

　❶ 가족　　　　② 친구　　　　③ 선생님　　　　④ 부모님

---

11. (3점)
　① 경험　　　　② 계획　　　　③ 졸업　　　　④ 방학

12. (3점)
　① 날씨　　　　② 취미　　　　③ 과일　　　　④ 장소

13. (4점)
　① 위치　　　　② 휴일　　　　③ 날씨　　　　④ 수업

14. (3점)
　① 건강　　　　② 직업　　　　③ 교통　　　　④ 고향

※ [15-16] 다음 대화를 듣고 알맞은 그림을 고르십시오. (각 4점)

15. ①  ②

③  ④

16. ①  ②

③  ④

> 보기
>
> 남자: 편지를 써요?
>
> 여자: 네, 동생한테 편지를 써요.
>
> ① 남자는 동생입니다.　　　② 여자는 편지를 읽습니다.
>
> ③ 남자는 편지를 씁니다.　　❹ 여자는 동생이 있습니다.

17. ① 두 사람은 영화관에 있습니다.

　　② 두 사람은 같이 영화를 볼 겁니다.

　　③ 남자는 지금 영화를 보고 있습니다.

　　④ 여자는 지금 영화관에 가고 있습니다.

18. ① 여자는 스키를 타 본 적이 없습니다.

　　② 여자는 스키 타는 걸 안 좋아합니다.

　　③ 남자는 여자에게 스키를 배울 겁니다.

　　④ 남자는 1시간 동안 스키를 배웠습니다.

19. ① 여자가 영화표를 살 겁니다.

　　② 남자는 벌써 영화를 두 번 봤습니다.

　　③ 여자는 바빠서 영화를 볼 수 없습니다.

　　④ 두 사람은 방금 영화를 보고 나왔습니다.

20. ① 남자는 여자와 경복궁에 가고 싶어 합니다.

　　② 경복궁에 가려면 지하철로 갈아타야 합니다.

　　③ 여자는 남자에게 경복궁에 가는 방법을 물어봤습니다.

　　④ 경복궁에 한복을 입고 가면 그냥 들어갈 수 있습니다.

21. ① 남자는 한국 친구가 많습니다.

② 남자는 한국어를 전혀 할 줄 모릅니다.

③ 여자는 한국어를 더 잘하고 싶어 합니다.

④ 여자는 남자에게 한국 친구를 소개해 줄 겁니다.

※ **[22~24] 다음을 듣고 <u>여자</u>의 중심 생각을 고르십시오. (각 3점)**

22. ① 안 먹으면 살이 빨리 빠집니다.

② 다이어트는 건강에 안 좋습니다.

③ 운동을 하면서 살을 빼야 합니다.

④ 다이어트보다 운동이 중요합니다.

23. ① 일찍 일어나면 건강에 좋습니다.

② 늦게 자도 일찍 일어나야 합니다.

③ 할 일을 다 하고 푹 자는 게 좋습니다.

④ 밤에 일하는 것은 건강에 좋지 않습니다.

24. ① 눈이 오길 기다렸습니다.

② 눈이 내리면 불편합니다.

③ 눈이 오는 걸 싫어합니다.

④ 눈이 많이 내려서 좋습니다.

※ **[25~26] 다음을 듣고 물음에 답하십시오.**

25. 여자는 무엇에 대해 이야기하고 있습니까? (3점)
① 서울 공원에 가는 방법 소개
② 서울 공원의 다양한 행사 소개
③ 어린이날 아이들이 좋아하는 선물 소개
④ 어린이날 가족이 함께 갈 수 있는 곳 소개

26. 들은 내용과 같은 것을 고르십시오. (4점)
① 서울 공원에 가면 선물을 받을 수 있습니다.
② 서울 공원에는 항상 다양한 행사가 있습니다.
③ 어린이날 가족과 함께 서울 공원에 가면 좋습니다.
④ 아이들은 어린이날 좋은 선물을 받고 싶어 합니다.

※ **[27~28] 다음을 듣고 물음에 답하십시오.**

27. 두 사람은 내일 왜 공원에서 만납니까? (3점)
① 두 사람이 같이 운동을 하려고
② 두 사람이 같이 병원에 가려고
③ 남자가 심심해서 같이 산책하려고
④ 여자가 남자에게 운동을 가르쳐 주려고

28. 들은 내용과 같은 것을 고르십시오. (4점)
① 남자는 아직 병원에 안 가 봤습니다.
② 여자는 항상 아침마다 운동을 합니다.
③ 남자는 혼자 운동을 시작하려고 합니다.
④ 여자는 건강이 안 좋아서 운동을 합니다.

29. 두 사람은 무엇에 대해서 이야기를 하고 있는지 맞는 것을 고르십시오. (3점)

    ① 고향 문화 소개

    ② 한국 문화의 종류

    ③ 두 나라의 식사 문화

    ④ 두 나라의 서로 다른 문화

30. 들은 내용과 같은 것을 고르십시오. (4점)

    ① 두 나라의 문화는 비슷한 것이 많습니다.

    ② 남자는 두 나라의 문화가 달라서 놀랐습니다.

    ③ 한국에서는 신발을 신고 집에 들어가도 됩니다.

    ④ 여자는 한국 문화를 몰라서 실수한 적이 있습니다.

※ [31–33] 무엇에 대한 이야기입니까? 보기 와 같이 알맞은 것을 고르십시오. (각 2점)

보기

사과가 있습니다. 그리고 배도 있습니다.

① 요일　　　　② 날짜　　　　❸ 과일　　　　④ 얼굴

31.

어제는 비가 왔습니다. 오늘은 맑고 따뜻합니다.

① 계절　　　　② 요일　　　　③ 날씨　　　　④ 시간

32.

저는 낚시를 좋아합니다. 동생은 독서를 좋아합니다.

① 직업　　　　② 가족　　　　③ 취미　　　　④ 장소

33.

방에는 침대가 있습니다. 책상도 있습니다.

① 가구　　　　② 계획　　　　③ 장소　　　　④ 쇼핑

※ [34-39] 보기 와 같이 ( )에 들어갈 가장 알맞은 것을 고르십시오.

┌─────────────────────── 보기 ───────────────────────┐
│   │
│ 눈이 나쁩니다. ( )을 씁니다.   │
│   │
│ ① 사전   ② 수박   ❸ 안경   ④ 지갑 │
│   │
└───┘

34. (2점)

다음 주부터 방학입니다. 그래서 친구들하고 여행( ) 갈 겁니다.

① 이   ② 에   ③ 을   ④ 에서

35. (2점)

오늘 저녁에 비가 올 겁니다. 그래서 ( )을 가지고 왔습니다.

① 안경   ② 우산   ③ 지갑   ④ 장갑

36. (2점)

1시간 동안 숙제를 하고 있습니다. 그런데 ( ) 다 못 했습니다.

① 벌써   ② 아까   ③ 아직   ④ 자주

37. (3점)

머리를 잘랐습니다. 지금은 머리가 ( ).

① 적습니다   ② 짧습니다   ③ 작습니다   ④ 얇습니다

38. (2점)

> 옷이 큽니다. 작은 사이즈로 (   ).

① 팝니다   ② 벗습니다   ③ 교환합니다   ④ 어울립니다

39. (3점)

> 음식이 싱겁습니다. 소금을 더 (   ).

① 넣습니다   ② 놓습니다   ③ 낳습니다   ④ 나눕니다

※ **[40-42] 다음을 읽고 맞지 <u>않는</u> 것을 고르십시오. (각 3점)**

40.

도서관 이용 안내

📖 화요일~금요일   09:00~18:00

📖 주말   10:00~17:00

〈점심시간 13:00~14:00〉

※ 매주 월요일은 쉽니다.

① 점심시간은 한 시간입니다.
② 토요일은 1시간 늦게 엽니다.
③ 일요일은 일찍 문을 닫습니다.
④ 도서관은 매일 이용할 수 있습니다.

41.

지니 씨,

수업이 있어서 먼저 가요.

오늘 비가 올 거예요.

나올 때 창문 좀 닫아 주세요.

수업 끝나고 식당에서 기다릴게요.

- 수미가-

① 지니가 일찍 나갔습니다.

② 수미가 메모를 썼습니다.

③ 지니가 창문을 닫을 겁니다.

④ 두 사람은 식당에서 만날 겁니다.

42.

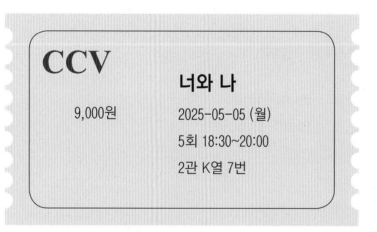

① 1시간 반 동안 영화를 봅니다.

② 두 사람이 보면 18,000원입니다.

③ 영화는 오후 6시 반에 시작합니다.

④ 앉고 싶은 자리에 앉을 수 있습니다.

※ **[43-45] 다음의 내용과 같은 것을 고르십시오.**

43. (3점)

> 다음 주에 시험이 있습니다. 그래서 매일 친구와 도서관에 갑니다. 그런데 오늘은 도서관에 자리가 없어서 그냥 집에 왔습니다.

① 저는 요즘 시험공부를 하고 있습니다.
② 저는 집에서 공부하는 걸 좋아합니다.
③ 저는 친구를 만나러 도서관에 갑니다.
④ 저는 오늘도 도서관에서 공부했습니다.

44. (2점)

> 오늘 저는 친구 집들이에 가서 친구를 도와주었습니다. 저는 청소를 하고 친구는 음식을 만들었습니다. 친구가 만든 음식이 정말 맛있었습니다.

① 친구는 음식을 잘 만듭니다.
② 친구는 저를 도와주었습니다.
③ 저는 오늘 집들이를 했습니다.
④ 우리는 같이 청소를 했습니다.

45. (3점)

> 어제 비가 왔습니다. 그런데 저는 우산을 안 가지고 갔습니다. 그래서 친구가 저에게 우산을 빌려주었습니다. 오늘 저는 친구에게 우산을 돌려주었습니다.

① 지금 비가 오고 있습니다.
② 저는 친구와 같이 우산을 썼습니다.
③ 저는 어제 친구의 우산을 빌렸습니다.
④ 저는 내일 친구에게 우산을 줄 겁니다.

※ [46~48] 다음을 읽고 중심 생각을 고르십시오.

46. (3점)

> 텔레비전을 볼 때 누워서 보는 사람들이 많습니다. 그런데 누워서 텔레비전을 보면 눈 건강에 좋지 않습니다. 텔레비전을 볼 때는 앉아서 보는 것이 좋습니다.

① 텔레비전을 자주 보면 안 됩니다.
② 텔레비전을 보면 눈에 좋지 않습니다.
③ 텔레비전을 볼 때 앉아서 봐야 합니다.
④ 텔레비전을 볼 때 누워서 봐도 됩니다.

47. (3점)

> 저는 요즘 집에서 요리를 해서 먹습니다. 요리하기가 조금 힘들지만 밖에서 먹는 것보다 건강에 좋습니다. 그리고 돈도 적게 듭니다.

① 음식을 직접 만드는 것은 힘듭니다.
② 밖에서 먹는 음식은 건강에 좋습니다.
③ 집에서 요리를 하면 돈을 많이 씁니다.
④ 직접 음식을 만들어서 먹는 것이 좋습니다.

48. (2점)

> 어렸을 때 저는 조용한 성격이었습니다. 그래서 처음 만난 친구와 금방 친해질 수 없었습니다. 그런데 지금은 친구도 잘 사귀고 말하는 것도 좋아합니다. 저는 지금이 좋습니다.

① 저는 지금 성격을 좋아합니다.
② 저는 성격을 바꾸고 싶습니다.
③ 저는 친구를 많이 사귀고 싶습니다.
④ 저는 조용한 성격이 마음에 듭니다.

[49~50] 다음을 읽고 물음에 답하십시오. (각 2점)

> 저는 지난 주말에 친구와 전주에 다녀왔습니다. 전주는 한국의 전통문화를 보고 느낄 수 있는 곳으로 (㉠   ). 전주에는 전통 한옥이 많이 있는데 우리는 그곳에서 부채 만들기 등 다양한 것을 해 봤습니다. 그리고 저녁에는 한옥에서 잤습니다. 처음 한옥에서 자 봤는데 분위기가 참 좋았습니다. 다음에는 부모님과 함께 꼭 다시 갈 겁니다.

49. ㉠에 들어갈 알맞은 말을 고르십시오.

① 소중합니다   ② 유명합니다

③ 유행합니다   ④ 재미있습니다

50. 이 글의 내용과 같은 것을 고르십시오.

① 친구가 전주에 살고 있습니다.

② 저는 저녁에 집으로 돌아왔습니다.

③ 부모님과 함께 전주에 가 봤습니다.

④ 저는 전주에서 부채를 만들어 봤습니다.

※ **[51~52] 다음을 읽고 물음에 답하십시오.**

> 한글 박물관으로 오십시오. 한글 박물관에서는 한글에 대한 이야기를 들을 수 있습니다. 그리고 사진을 보면서 한글의 역사에 대해서도 (㉠). 또한 한글 박물관에는 한글로 다양한 놀이를 할 수 있는 곳도 있고, 기념품을 살 수 있는 가게도 있습니다.

51. ㉠에 들어갈 알맞은 말을 고르십시오. (3점)

① 알 겁니다　　　　　　　　② 알지 못합니다

③ 알고 싶습니다　　　　　　④ 알 수 있습니다

52. 무엇에 대한 이야기인지 맞는 것을 고르십시오. (2점)

① 한글 박물관 소개

② 한글 박물관의 역사

③ 한글 박물관의 위치

④ 한글 박물관에 가는 이유

> 저는 농구를 좋아합니다. (㉠   ) 수업이 끝난 후에는 자주 농구를 합니다. 농구
> 는 두 명이 할 수도 있고 여러 명이 같이 할 수도 있어서 좋습니다. 어제도 수업이 끝나고
> 농구장에 갔습니다. 어제는 농구장에서 만난 한국 친구들하고 농구를 했습니다. 정말 재
> 미있었습니다.

53. ㉠에 들어갈 알맞은 말을 고르십시오. (2점)

① 그리고   ② 그러면

③ 그래서   ④ 그렇지만

54. 이 글의 내용과 같은 것을 고르십시오. (3점)

① 저는 한국 친구와 농구하러 갔습니다.

② 저는 수업이 없으면 자주 농구를 합니다.

③ 농구는 여러 명이 있어야 할 수 있습니다.

④ 저는 어제 수업이 끝난 후에 농구를 했습니다.

> 노량진 수산 시장에 가 봤습니까? 서울에 있는 노량진 수산 시장은 크고 생선의 종류도 아주 다양합니다. 여기에 가면 값도 싸고 싱싱한 생선을 살 수 있습니다. 그리고 생선을 사서 바로 먹을 수 있는 식당도 2층에 있습니다. 이 식당에서는 찌개도 (㉠   ).

55. ㉠에 들어갈 알맞은 말을 고르십시오. (2점)

① 끓여 줍니다   ② 끓여야 합니다

③ 끓고 있습니다   ④ 끓일 줄 압니다

56. 이 글의 내용과 같은 것을 고르십시오. (3점)

① 노량진 수산 시장의 생선은 싸고 싱싱합니다.

② 노량진 수산 시장에서는 요리를 할 수 있습니다.

③ 노량진 수산 시장 2층에서 생선을 살 수 있습니다.

④ 저는 생선을 사러 노량진 수산 시장에 자주 갑니다.

※ **[57~58] 다음을 순서대로 맞게 나열한 것을 고르십시오.**

57. (3점)

> (가) 그래서 돈을 넣을 수 없었습니다.
>
> (나) 오늘 은행에 돈을 넣으러 갔습니다.
>
> (다) 그런데 통장을 안 가지고 갔습니다.
>
> (라) 현금 카드도 잃어버려서 없었습니다.

① (가)-(나)-(다)-(라)　　　　② (가)-(라)-(나)-(다)

③ (나)-(다)-(라)-(가)　　　　④ (나)-(라)-(다)-(가)

58. (2점)

> (가) 저는 매주 금요일에 시장에 갑니다.
>
> (나) 그러면 꼭 필요한 것만 살 수 있습니다.
>
> (다) 냉장고 안을 보고 사야 할 것을 메모합니다.
>
> (라) 시장에 가기 전에 먼저 냉장고를 열어 봅니다.

① (가)-(다)-(라)-(나)　　　　② (가)-(라)-(다)-(나)

③ (다)-(라)-(나)-(가)　　　　④ (라)-(다)-(가)-(나)

우리는 집을 구할 때 보통 부동산을 이용합니다. (㉠) 그런데 요즘은 인터넷으로도 집을 구할 수 있습니다. (㉡) 인터넷을 이용하면 부동산에 가는 것보다 편리하고 다양한 집의 가격을 한 번에 볼 수 있습니다. (㉢) 인터넷으로 집을 구하면 가끔 사진과 다른 것이 있으니 사진만 보고 결정하지 말고 꼭 직접 가 보는 것이 좋습니다. (㉣)

59. 다음 문장이 들어갈 곳을 고르십시오. (2점)

하지만 집을 구할 때 조심할 것도 있습니다.

① ㉠　　　　　　② ㉡　　　　　　③ ㉢　　　　　　④ ㉣

60. 이 글의 내용과 같은 것을 고르십시오. (3점)
① 인터넷으로는 집의 가격을 알 수 없습니다.
② 집을 구할 때는 부동산을 이용해야 합니다.
③ 부동산을 이용할 때 조심해야 하는 것이 있습니다.
④ 인터넷으로 집을 본 후에 꼭 가 보는 것이 좋습니다.

> 저는 어제 저녁을 먹은 후에 텔레비전에서 하는 가수의 공연을 보았습니다. 그런데 텔레비전을 보다가 깜짝 놀랐습니다. 텔레비전에 친구가 나왔기 때문입니다. 친구는 가수의 공연장에서 노래를 크게 따라 부르면서 손을 흔들고 있었습니다. 친구의 모습을 텔레비전에서 보니까 (㉠) 좋았습니다.

61. ㉠에 들어갈 알맞은 말을 고르십시오.

① 편하고   ② 반갑고

③ 힘들고   ④ 비슷하고

62. 이 글의 내용과 같은 것을 고르십시오.

① 저는 손을 흔들면서 친구를 불렀습니다.

② 저는 가수의 공연장에서 친구를 만났습니다.

③ 친구는 가수의 공연을 보러 공연장에 갔습니다.

④ 친구가 가수가 되어서 텔레비전에 나왔습니다.

※ [63-64] 다음을 읽고 물음에 답하십시오.

받는 사람: goodshoes@mart.com

제목: 운동화 교환 신청

안녕하세요?
제가 지난주 금요일에 이메일을 보냈는데 답장이 오지 않아서 다시 메일을 씁니다.
지난주에 주문한 운동화가 와서 신어봤는데 조금 작습니다.
한 사이즈 큰 걸로 교환하고 싶습니다. 교환할 수 있을까요?
답장 기다리겠습니다.

김나라 드림

63. 왜 이 글을 썼는지 맞는 것을 고르십시오. (2점)

① 주문 방법을 알아보려고

② 운동화를 더 사고 싶어서

③ 운동화 사이즈를 바꾸고 싶어서

④ 운동화 디자인이 마음에 안 들어서

64. 이 글의 내용과 같은 것을 고르십시오. (3점)

① 저는 내일 운동화를 받을 겁니다.

② 저는 지난주에 답장을 받았습니다.

③ 저는 처음으로 이메일을 보냅니다.

④ 저는 인터넷으로 운동화를 샀습니다.

※ **[65~66] 다음을 읽고 물음에 답하십시오.**

> 소금은 우리 생활에 다양하게 사용됩니다. 먼저 음식이 싱거울 때 소금을 넣습니다. 그리고 음식을 오랫동안 두고 먹고 싶을 때 사용하기도 합니다. 특히 생선 요리에 소금을 많이 사용합니다. 생선은 시간이 지나면 쉽게 맛이 (㉠   ) 먹을 수 없게 되기 때문입니다. 또 채소를 씻을 때 소금을 사용하면 더 깨끗하게 씻을 수 있습니다.

65. ㉠에 들어갈 알맞은 말을 고르십시오. (2점)

① 변해서   ② 변하고

③ 변하지만   ④ 변했는데

66. 이 글의 내용과 같은 것을 고르십시오. (3점)

① 소금은 짠 맛을 낼 때만 사용합니다.

② 채소를 소금으로 씻으면 신선해집니다.

③ 생선은 짜서 소금을 사용하지 않습니다.

④ 소금은 음식을 빨리 변하지 않게 합니다.

　　한국은 봄, 여름, 가을, 겨울 사계절이 있습니다. 봄은 날씨가 따뜻하고 예쁜 꽃을 많이 볼 수 있습니다. 그래서 사람들은 꽃구경을 많이 갑니다. 여름은 덥지만 맛있는 과일이 많습니다. 가을은 시원하고 아름다운 단풍을 볼 수 있는 곳이 아주 많습니다. 겨울은 춥고 눈이 자주 와서 겨울 스포츠를 많이 할 수 있습니다. 한국은 각 계절의 (　　㉠　　).

67. ㉠에 들어갈 알맞은 말을 고르십시오.

① 의미가 다릅니다　　　　　　② 성격이 있습니다

③ 분위기가 비슷합니다　　　　④ 모습이 매우 다양합니다

68. 이 글의 내용과 같은 것을 고르십시오.

① 봄에는 꽃이 많이 핍니다.

② 겨울에는 눈이 적게 오는 편입니다.

③ 가을에는 단풍이 들어서 시원합니다.

④ 여름에는 특별한 스포츠를 할 수 있습니다.

> 　얼마 전에 저는 재미있는 책을 읽었습니다. 경찰관이 나쁜 사람을 잡고 착한 사람을 도와주는 내용이었습니다. 저는 (　　㉠　　) 경찰관이 되고 싶어졌습니다. 경찰관이 되려면 공부도 열심히 해야 하고 운동도 열심히 해야 합니다. 그래서 저는 매일 운동을 하기 시작했습니다. 그리고 공부도 열심히 하고 있습니다.

69. ㉠에 들어갈 알맞은 말을 고르십시오.

① 날씨가 좋아서　　　　　　　② 책을 좋아해서

③ 건강이 나빠서　　　　　　　④ 그 책을 읽은 후에

70. 이 글의 내용으로 알 수 있는 것을 고르십시오.

① 재미있는 책을 읽어야 합니다.

② 경찰관은 매일 운동해야 합니다.

③ 경찰관이 되려면 운동만 잘 하면 됩니다.

④ 경찰관이 되고 싶어서 운동을 시작했습니다.

제3회
실전모의고사

TOPIK I

듣기, 읽기
(Listening, Reading)

수험번호(Registration No.)		
이름 (Name)	한국어(Korean)	
	영 어(English)	

유 의 사 항
Information

1. 시험 시작 지시가 있을 때까지 문제를 풀지 마십시오.
   Do not open the booklet until you are allowed to start.

2. 접수번호와 이름은 정확하게 적어 주십시오.
   Write your name and registration number on the answer sheet.

3. 답안지를 구기거나 훼손하지 마십시오.
   Do not fold the answer sheet; keep it clean.

4. 답안지의 이름, 접수번호 및 정답의 기입은 컴퓨터용 펜을 사용하여 주십시오.
   Use the optical mark reader(OMR) pen only.

5. 정답은 답안지에 정확하게 표시하여 주십시오.
   Mark your answer accurately and clearly on the answer sheet.

   marking example | ① ● ③ ④ |

6. 문제를 읽을 때에는 소리가 나지 않도록 하십시오.
   Keep quiet while answering the questions.

7. 질문이 있을 때에는 손을 들고 감독관이 올 때까지 기다려 주십시오.
   When you have any questions, please raise your hand.

※ [1-4] 다음을 듣고 보기 와 같이 물음에 맞는 대답을 고르십시오.

보기

가: 물이에요?

나: _____

❶ 네, 물이에요.　　　　　　② 네, 물이 아니에요.

③ 아니요, 물이 좋아요.　　　④ 아니요, 물이 맛있어요.

---

1. (4점)

① 네, 텔레비전을 봐요.　　　　② 네, 텔레비전을 볼 거예요.

③ 아니요, 텔레비전을 보세요.　④ 아니요, 텔레비전을 보지 마세요.

2. (4점)

① 네, 김치예요.　　　　　　　② 네, 김치가 없어요.

③ 아니요, 김치가 매워요.　　　④ 아니요, 김치를 좋아하지 않아요.

3. (3점)

① 집에 있어요.　　　　　　　② 친구하고 있어요.

③ 백화점에 가요.　　　　　　④ 학교에서 만나요.

4. (3점)

① 네 명이에요.　　　　　　　② 세 시에 만나요.

③ 같이 밥 먹어요.　　　　　　④ 친구 집에 가요.

※ **[5–6] 다음을 듣고 보기 와 같이 이어지는 말을 고르십시오.**

보기

가: 안녕히 계세요.

나: _____

① 말씀하세요.   ② 어서 오세요.

❸ 안녕히 가세요.   ④ 안녕히 계세요.

---

5. (4점)

① 고마워요.   ② 괜찮아요.

③ 여기 있어요.   ④ 잘 지냈어요.

6. (3점)

① 아니에요.   ② 네, 그런데요.

③ 네, 말씀하세요.   ④ 조심해서 오세요.

※ **[7–10] 여기는 어디입니까? 보기 와 같이 알맞은 것을 고르십시오.**

보기

가: 어떻게 오셨어요?

나: 이거 한국 돈으로 바꿔 주세요.

❶ 은행   ② 시장   ③ 도서관   ④ 박물관

---

7. (3점)

① 역   ② 공항   ③ 정류장   ④ 터미널

8. (3점)

① 호텔   ② 회사   ③ 극장   ④ 빵집

9. (3점)

① 공원   ② 극장   ③ 꽃집   ④ 빵집

10. (4점)

① 고향   ② 공원   ③ 시장   ④ 미술관

※ [11-14] 다음은 무엇에 대해 말하고 있습니까? 보기 와 같이 알맞은 것을 고르십시오.

보기

가: 누구예요?

나: 이 사람은 형이고, 이 사람은 동생이에요.

❶ 가족   ② 친구   ③ 선생님   ④ 부모님

---

11. (3점)

① 값   ② 맛   ③ 음식   ④ 메뉴

12. (3점)

① 예약   ② 초대   ③ 마중   ④ 이사

13. (4점)

① 계획   ② 날씨   ③ 주말   ④ 취미

14. (3점)

① 약속   ② 교통   ③ 소개   ④ 위치

※ [15-16] 다음 대화를 듣고 알맞은 그림을 고르십시오. (각 4점)

15. ①

②

③

④

16. ①

②

③

④

※ **[17-21] 다음을 듣고 보기 와 같이 대화 내용과 같은 것을 고르십시오. (각 3점)**

보기

남자: 편지를 써요?

여자: 네, 동생한테 편지를 써요.

① 남자는 동생입니다.　　　② 여자는 편지를 읽습니다.

③ 남자는 편지를 씁니다. .　❹ 여자는 동생이 있습니다.

17. ① 여자는 옷을 안 살 겁니다.

② 여자는 옷을 입어 봤습니다.

③ 여자는 가격을 물어봤습니다.

④ 여자는 옷 가게에 들어갈 겁니다.

18. ① 남자는 우체국 직원입니다.

② 남자는 우체국에 갔습니다.

③ 남자는 베트남에 갈 겁니다.

④ 남자는 소포를 받으러 왔습니다.

19. ① 여자는 약속이 있었습니다.

② 여자는 축구를 싫어합니다.

③ 두 사람은 같이 축구를 볼 겁니다.

④ 남자는 내일 축구 대회에 나갑니다.

20. ① 두 사람은 같이 은행에 갈 겁니다.

② 두 사람은 학생 식당을 찾고 있습니다.

③ 남자는 은행이 4시에 닫는지 몰랐습니다.

④ 여자는 은행이 어디에 있는지 몰랐습니다.

21. ① 여자의 휴대전화는 흰색입니다.

② 여자는 휴대전화를 찾으러 왔습니다.

③ 여자는 집에 휴대전화를 두고 왔습니다.

④ 여자는 아침에 휴대전화를 잃어버렸습니다.

※ **[22~24] 다음을 듣고 <u>여자</u>의 중심 생각을 고르십시오. (각 3점)**

22. ① 빨리 돌아와서 쉬고 싶습니다.

② 부산에서 여행을 하고 싶습니다.

③ 기차로 가면 시간이 더 걸립니다.

④ 차로 가면 경치를 구경할 수 있습니다.

23. ① 점심 식사보다 산책이 더 좋습니다.

② 집에서 만든 음식이 건강에 좋습니다.

③ 아침에 요리하는 게 힘들지 않습니다.

④ 점심을 준비해 오면 다른 일도 할 수 있습니다.

24. ① 인터넷 내용을 다 믿으면 안 됩니다.

② 유명한 식당의 음식은 다 맛있습니다.

③ 유명한 곳은 친구와 함께 가야 합니다.

④ 사람들이 많이 가는 식당에 가 봐야 합니다.

※ **[25-26] 다음을 듣고 물음에 답하십시오.**

25. 여자는 지금 무엇에 대해 이야기하고 있는지 맞는 것을 고르십시오. (3점)
   ① 공연 시간 안내
   ② 공연 중 지켜야 할 것들
   ③ 공연 내용에 대한 이야기
   ④ 공연 중 휴대폰 사용 방법

26. 들은 내용과 같은 것을 고르십시오. (4점)
   ① 공연 중에는 화장실에 갈 수 있습니다.
   ② 공연 중에는 사진을 찍을 수 있습니다.
   ③ 공연 중에는 휴대폰을 꺼 놓아야 합니다.
   ④ 공연 중에는 밖에서 전화를 받아야 합니다.

※ **[27-28] 다음을 듣고 물음에 답하십시오.**

27. 여자는 왜 이사를 하려고 하는지 맞는 것을 고르십시오. (3점)
   ① 음악을 못 들어서
   ② 룸메이트가 싫어서
   ③ 기숙사에 부엌이 없어서
   ④ 기숙사 생활이 불편해서

28. 들은 내용과 같은 것을 고르십시오. (4점)
   ① 남자는 기숙사에서 살고 있습니다.
   ② 여자는 룸메이트 때문에 화가 났습니다.
   ③ 여자의 기숙사에서는 요리할 수 없습니다.
   ④ 남자는 여자가 이사하는 것을 도와줄 겁니다.

29. 남자는 왜 바지를 바꾸려고 하는지 맞는 것을 고르십시오. (3점)
    ① 바지 디자인이 싫어서
    ② 바지에 얼룩이 있어서
    ③ 바지 사이즈가 안 맞아서
    ④ 바지 색깔이 마음에 안 들어서

30. 들은 내용과 같은 것을 고르십시오. (4점)
    ① 남자는 바지를 사러 옷 가게에 갔습니다.
    ② 여자는 남자와 같이 바지를 사러갔습니다.
    ③ 여자는 남자에게 새 바지로 바꿔줬습니다.
    ④ 남자는 마음에 드는 색이 없어서 환불했습니다.

※ [31-33] 무엇에 대한 이야기입니까? 보기와 같이 알맞은 것을 고르십시오. (각 2점)

┌─────────────── 보기 ───────────────┐
사과가 있습니다. 그리고 배도 있습니다.

① 요일   ② 날짜   ❸ 과일   ④ 얼굴
└────────────────────────────────────┘

31.

커피 한 잔에 오천 원입니다. 케이크는 삼천 원입니다.

① 장소   ② 가격   ③ 쇼핑   ④ 취미

32.

이모가 두 분 계십니다. 조카도 있습니다.

① 친척   ② 이름   ③ 친구   ④ 나이

33.

저는 8월 5일에 태어났습니다. 그날 선물을 많이 받습니다.

① 방학   ② 생일   ③ 날짜   ④ 과일

※   [34-39] 보기와 같이 (   )에 들어갈 가장 알맞은 것을 고르십시오.

> **보기**
>
> 눈이 나쁩니다. (   )을 씁니다.
>
> ① 사전   ② 수박   ❸ 안경   ④ 지갑

34. (3점)

카메라가 없습니다. 휴대폰(   ) 사진을 찍습니다.

① 의   ② 도   ③ 에서   ④ 으로

35. (2점)

주말에 차가 많습니다. 길이 많이 (   ).

① 건넙니다   ② 나옵니다   ③ 막힙니다   ④ 내립니다

36. (2점)

오늘 장학금을 받았습니다. 그래서 기분이 (   ).

① 나쁩니다   ② 좋습니다   ③ 있습니다   ④ 외롭습니다

37. (2점)

저는 모자를 좋아합니다. (   ) 모자를 씁니다.

① 자주   ② 별로   ③ 전혀   ④ 거의

38. (2점)

편지를 보내려고 합니다. 편지 봉투에 (   )를 붙입니다.

① 카드　　　　　② 종이　　　　　③ 우표　　　　　④ 소포

39. (3점)

한국 문화에 관심이 (   ). 그래서 지금 한국에서 공부하고 있습니다.

① 많습니다　　　② 낮습니다　　　③ 복잡합니다　　　④ 재미있습니다

※ **[40-42] 다음을 읽고 맞지 <u>않는</u> 것을 고르십시오. (각 3점)**

40.

한국분식

떡볶이(2인분) ··················	5,000원
불고기 ···························	8,000원
김밥 ····························	3,000원
라면 ····························	2,500원

※ 영업시간: 09:00~20:00
※ 배달은 10,000원 이상 주문하셔야 합니다.

① 메뉴 중에서 라면이 제일 쌉니다.
② 오후 9시에도 주문할 수 있습니다.
③ 떡볶이는 두 사람이 먹을 수 있습니다.
④ 불고기 1인분은 배달시킬 수 없습니다.

41.

김치 교실

- 장소: 한국 빌딩 5층
- 일시: 10월 30일 09:00~13:00
- 참가비: 무료
- 수업이 끝나고 점심을 드립니다.
- 김치는 집에 가지고 갈 수 있습니다.

① 김치 교실은 하루만 합니다.

② 만든 김치는 못 가지고 갑니다.

③ 김치 교실의 참가비는 없습니다.

④ 수업 후에 같이 점심을 먹습니다.

42.

❷호선 갈아타는 곳

← 시청·신촌 방면 　　　 성수·잠실 방면 →

① 여기는 지하철역입니다.

② 2번 출구로 나가야 합니다.

③ 잠실역은 지하철 2호선입니다.

④ 시청에 가려면 왼쪽으로 가야 합니다.

※ **[43~45] 다음의 내용과 같은 것을 고르십시오.**

43. (3점)

> 저는 지난주에 컴퓨터를 샀습니다. 그런데 컴퓨터가 고장이 나서 수리 센터에서 컴퓨터를 고쳤습니다.

① 저는 내일 수리 센터에 갈 겁니다.
② 저는 컴퓨터를 산 지 오래 되었습니다.
③ 저는 수리 센터에서 컴퓨터를 고쳤습니다.
④ 저는 컴퓨터가 고장이 나서 새로 샀습니다.

44. (2점)

> 저는 이번 주말에 친구와 명동에 가서 쇼핑하기로 했습니다. 그런데 부모님이 아프셔서 오늘 고향에 가야 합니다. 그래서 친구를 못 만납니다.

① 저는 친구에게 사과를 했습니다.
② 저는 친구와의 약속을 지켰습니다.
③ 저는 친구와 명동에서 쇼핑했습니다.
④ 저는 부모님을 보러 고향에 갈 겁니다.

45. (3점)

> 저는 어제 혼자 등산을 했습니다. 등산을 하다가 너무 힘들어서 내려오고 싶었습니다. 하지만 끝까지 올라가니까 기분이 좋았습니다. 경치도 아름다웠습니다.

① 저는 산 위까지 못 올라갔습니다.
② 저는 산 위에서 경치를 구경했습니다.
③ 저는 어제 친구와 등산을 하러 갔습니다.
④ 저는 산에 올라가는 것이 힘들지 않았습니다.

※ [46-48] 다음을 읽고 중심 생각을 고르십시오.

46. (3점)

> 어제는 동생 생일이었습니다. 고향에서는 매년 생일에 가족들이 모여서 밥을 먹습니다. 그런데 올해는 한국에 있어서 못 갔습니다. 선물도 보내지 못했습니다. 마음이 아픕니다.

① 내년에 고향에 갈 겁니다.
② 생일마다 가족이 모입니다.
③ 동생에게 많이 미안합니다.
④ 한국에 혼자 있어서 힘듭니다.

47. (3점)

> 요즘 공기가 많이 안 좋아서 밖에 나갈 때 마스크를 써야 합니다. 그런데 불편해서 마스크를 안 쓰는 사람이 있습니다. 마스크를 안 쓰면 목이 아플 수 있습니다.

① 마스크를 쓰면 불편합니다.
② 공기가 안 좋아서 걱정입니다.
③ 목이 아프면 병원에 가야 합니다.
④ 외출할 때 마스크를 꼭 써야 합니다.

48. (2점)

> 다음 달에 좋아하는 가수의 콘서트가 있는데 표를 못 사서 저는 너무 슬펐습니다. 그런데 친구가 콘서트 표를 사 줬습니다. 기분이 너무 좋습니다.

① 콘서트가 끝나서 슬픕니다.
② 콘서트에 갈 수 있어서 기쁩니다.
③ 표를 못 사서 기분이 안 좋습니다.
④ 친구와 콘서트에 가면 재미있습니다.

> 　요즘 낮에는 덥고, 아침과 저녁에는 쌀쌀해서 (　　㉠　　) 어떤 옷을 입을지 고민이 됩니다. 긴 팔 옷을 입고 나가면 낮에는 덥고, 반 팔 옷을 입고 나가면 아침에 춥기 때문입니다. 그래서 요즘 같은 날씨에는 감기에 걸리기도 쉬운 것 같습니다.

49. ㉠에 들어갈 알맞은 말을 고르십시오.

① 외출할 때　　　　　　　　　　② 외출하거나

③ 외출한 후에　　　　　　　　　　④ 외출하는 동안

50. 이 글의 내용과 같은 것을 고르십시오.

① 요즘 하루 종일 매우 덥습니다.

② 저는 요즘 옷이 없어서 걱정입니다.

③ 감기 때문에 긴 팔 옷을 입어야 합니다.

④ 요즘 기온차가 커서 옷 입기가 좀 힘듭니다.

여행을 갈 때는 이것저것 가져가야 할 것이 많습니다. 옷, 신발, 충전기, 카메라 등 필요한 것이 많습니다. 그렇지만 짐이 무거우면 여행의 즐거운 기분을 느끼기가 어렵습니다. 그래서 가능하면 간단하게 가져가는 것이 좋습니다. (㉠   ) 더 즐겁고 재미있는 여행을 할 수 있습니다.

51. ㉠에 들어갈 알맞은 말을 고르십시오. (3점)

　① 물건이 많으면　　　　　　　② 짐이 가벼우면

　③ 짐을 함께 들어야　　　　　　④ 가방이 무거우니까

52. 무엇에 대한 이야기인지 맞는 것을 고르십시오. (2점)

　① 여행 짐을 부치는 방법

　② 여행 중에 지켜야 할 것

　③ 즐거운 여행을 하는 방법

　④ 여행갈 때 가져가야 하는 것

> 저는 한국에 온 지 1년이 되었습니다. 지금은 한국 생활에 많이 (㉠   ) 한국 생활이 아주 재미있습니다. 하지만 가족이 보고 싶을 때는 좀 힘듭니다. 그럴 때는 한국에 있는 고향 친구들과 함께 고향 음식을 먹으면서 고향 말로 이야기를 합니다. 그러면 기분이 좋아집니다.

53. ㉠에 들어갈 알맞은 말을 고르십시오. (2점)

① 적당해져서   ② 한가해져서

③ 익숙해져서   ④ 튼튼해져서

54. 이 글의 내용과 같은 것을 고르십시오. (3점)

① 가끔 가족이 그리울 때가 있습니다.

② 고향 친구들과 한국어로 이야기를 합니다.

③ 한국에는 고향 친구들이 없어서 힘듭니다.

④ 한국 생활이 힘들 때 고향에 가고 싶습니다.

> 　　독도는 한국에서 가장 동쪽에 있는 작은 섬입니다. 독도에 가려면 울릉도라는 섬에서 배를 타야 합니다. 그런데 울릉도에서 배를 타고 독도에 갔지만 비가 오면 배에서 내리지 못합니다. (　　㉠　　) 바다에서 섬만 보고 돌아와야 합니다. 왜냐하면 독도는 날씨가 아주 좋은 날에만 배에서 내릴 수 있기 때문입니다.

55. ㉠에 들어갈 알맞은 말을 고르십시오. (2점)

① 그리고　　　　　　　　　　② 하지만

③ 그러나　　　　　　　　　　④ 그러면

56. 이 글의 내용과 같은 것을 고르십시오. (3점)

① 독도는 울릉도 사람들만 갑니다.

② 비가 오면 배가 출발하지 못합니다.

③ 독도는 한국에서 가장 작은 섬입니다.

④ 날씨가 안 좋으면 배에서 독도를 봐야 합니다.

57. (3점)

> (가) 먼저 큰 그릇에 밥을 담습니다.
>
> (나) 그 위에 여러 가지 나물을 놓습니다.
>
> (다) 비빔밥 만드는 것은 어렵지 않습니다.
>
> (라) 마지막으로 참기름과 고추장을 넣고 비비면 됩니다.

① (가)-(나)-(다)-(라)   ② (가)-(라)-(다)-(나)

③ (다)-(가)-(나)-(라)   ④ (다)-(가)-(라)-(나)

58. (2점)

> (가) 다음 주부터 여름휴가입니다.
>
> (나) 그래서 가족과 함께 해외여행을 가려고 합니다.
>
> (다) 여행 가서 가족들과 즐거운 시간을 보낼 겁니다.
>
> (라) 비행기 표도 예매해야 하고, 호텔도 예약해야 합니다.

① (가)-(나)-(다)-(라)   ② (가)-(나)-(라)-(다)

③ (다)-(가)-(나)-(라)   ④ (다)-(나)-(라)-(가)

우리 가족은 지난주에 할머니, 할아버지와 함께 바다로 여행을 다녀왔습니다. (㉠) 낮에는 바다에서 수영을 하면서 즐거운 시간을 보냈습니다. (㉡) 저녁에는 함께 맛있는 음식을 먹고 바닷가에서 산책도 했습니다. (㉢) 우리는 바다를 보며 소원을 빌었습니다. 할머니, 할아버지와 함께한 여행은 정말 기억에 남을 것 같습니다.(㉣)

59. 다음 문장이 들어갈 곳을 고르십시오. (2점)

저녁 때 보는 바다의 모습은 정말 아름다웠습니다.

① ㉠   ② ㉡   ③ ㉢   ④ ㉣

60. 이 글의 내용과 같은 것을 고르십시오. (3점)

① 바다에는 사람이 많았습니다.

② 바다에서 수영도 하고 소원도 빌었습니다.

③ 지난주에 우리 가족은 산으로 여행을 갔습니다.

④ 밤에 바닷가에서 산책을 하는 것은 위험합니다.

※ **[61~62] 다음을 읽고 물음에 답하십시오. (각 2점)**

> 경복궁은 매년 봄과 가을이 되면 밤에도 구경할 수 있습니다. 이때 경복궁에 가면 경복궁의 야경을 즐길 수 있어서 관광객들에게 (㉠) 아주 많습니다. 이번 가을에는 9월 10일부터 10월 10일까지 한 달 동안 저녁 7시부터 10시까지 경복궁을 구경할 수 있습니다. 하지만 하루에 60명만 입장할 수 있고 표는 인터넷으로 미리 예매를 해야 합니다.

61. ㉠에 들어갈 알맞은 말을 고르십시오.

① 기억이

② 걱정이

③ 인기가

④ 도움이

62. 이 글의 내용과 같은 것을 고르십시오.

① 경복궁에 가서 표를 사도 됩니다.

② 경복궁은 항상 밤에 구경할 수 있습니다.

③ 경복궁은 여름과 겨울에는 문을 닫습니다.

④ 경복궁의 야경은 하루에 60명만 볼 수 있습니다.

※ [63–64] 다음을 읽고 물음에 답하십시오.

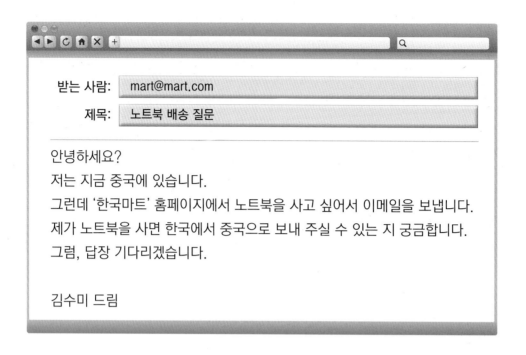

받는 사람: mart@mart.com

제목: 노트북 배송 질문

안녕하세요?
저는 지금 중국에 있습니다.
그런데 '한국마트' 홈페이지에서 노트북을 사고 싶어서 이메일을 보냅니다.
제가 노트북을 사면 한국에서 중국으로 보내 주실 수 있는 지 궁금합니다.
그럼, 답장 기다리겠습니다.

김수미 드림

63. 왜 이 글을 썼는지 맞는 것을 고르십시오. (2점)
① 쇼핑몰을 알리기 위해서
② 노트북이 마음에 안 들어서
③ 노트북을 주문하는 방법을 알아보려고
④ 노트북을 사면 해외로 보내 주는지 알아보려고

64. 이 글의 내용과 같은 것을 고르십시오. (3점)
① 한국마트는 중국에 있습니다.
② 저는 노트북을 주문했습니다.
③ 저는 한국마트에서 답장을 받았습니다.
④ 저는 인터넷으로 한국의 물건을 사려고 합니다.

> 겨울에 사람들은 따뜻한 차를 많이 마십니다. 추운 겨울에 차 한 잔을 마시면 몸이 따뜻해져서 좋기 때문입니다. 겨울에 특히 인기 있는 차는 대추차입니다. 대추차는 목 건강에 (㉠   ) 몸을 따뜻하게 만들어 주기 때문에 많은 사람들이 좋아합니다.

65. ㉠에 들어갈 알맞은 말을 고르십시오. (2점)

① 좋고   ② 좋아서

③ 좋거나   ④ 좋은데

66. 이 글의 내용과 같은 것을 고르십시오. (3점)

① 사람들은 항상 차를 많이 마십니다.

② 목이 아픈 사람은 차를 마셔야 합니다.

③ 대추차는 더운 여름에 인기가 많습니다.

④ 대추차는 날씨가 추울 때 많이 마십니다.

한국에서는 결혼식을 할 때 특별한 행사를 합니다. 결혼식이 다 끝난 후에 부모님과 친척들만 모여서 하는 이 행사를 '폐백'이라고 합니다. 이때 부모님과 친척들은 신랑과 신부에게 여러 가지 좋은 이야기를 해줍니다. 그 (㉠   ) 신랑과 신부의 결혼을 축하하는 마음은 모두 같습니다.

67. ㉠에 들어갈 알맞은 말을 고르십시오.

① 분위기는 같지만   ② 사람은 다르지만

③ 말은 다양하지만   ④ 의미는 비슷하지만

68. 이 글의 내용과 같은 것을 고르십시오.

① 폐백은 손님들도 같이 봅니다.

② 폐백은 결혼식을 시작하기 전에 합니다.

③ 폐백은 부모님과 친척들만 오는 행사입니다.

④ 폐백은 신랑과 신부가 좋은 이야기를 하는 것입니다.

> 몇 달 전, 저는 우리 집 앞에서 지갑을 주웠습니다. 그 지갑에는 외국인 등록증과 가족 사진이 들어 있었습니다. 저는 친구와 약속이 있어서 빨리 가야 했습니다. 그래서 그냥 가고 싶었지만 지갑을 가지고 바로 경찰서에 갔습니다. 경찰관은 저에게 잘 한 일이라고 칭찬을 했습니다. 친구와의 약속을 지키지 못해 친구에게 (㉠   ) 다른 사람을 도와 줄 수 있어서 기뻤습니다.

69. ㉠에 들어갈 알맞은 말을 고르십시오.

① 답답했지만   ② 미안했지만

③ 섭섭했지만   ④ 고마웠지만

70. 이 글의 내용으로 알 수 있는 것을 고르십시오.

① 저는 친구와의 약속을 지켰습니다.

② 저는 지갑의 주인을 찾아 줬습니다.

③ 저는 마음을 바꿔 경찰서로 갔습니다.

④ 저는 친구와 경찰서에 지갑을 갖다 주었습니다.

제4회
실전모의고사

TOPIK I

듣기, 읽기
(Listening, Reading)

수험번호(Registration No.)		
이름 (Name)	한국어(Korean)	
	영 어(English)	

유 의 사 항
Information

1. 시험 시작 지시가 있을 때까지 문제를 풀지 마십시오.
   Do not open the booklet until you are allowed to start.

2. 접수번호와 이름은 정확하게 적어 주십시오.
   Write your name and registration number on the answer sheet.

3. 답안지를 구기거나 훼손하지 마십시오.
   Do not fold the answer sheet; keep it clean.

4. 답안지의 이름, 접수번호 및 정답의 기입은 컴퓨터용 펜을 사용하여 주십시오.
   Use the optical mark reader(OMR) pen only.

5. 정답은 답안지에 정확하게 표시하여 주십시오.
   Mark your answer accurately and clearly on the answer sheet.

   marking example   ① ● ③ ④

6. 문제를 읽을 때에는 소리가 나지 않도록 하십시오.
   Keep quiet while answering the questions.

7. 질문이 있을 때에는 손을 들고 감독관이 올 때까지 기다려 주십시오.
   When you have any questions, please raise your hand.

※　[1-4] 다음을 듣고 보기 와 같이 물음에 맞는 대답을 고르십시오.

보기

가: 물이에요?

나: _____

❶ 네, 물이에요.　　　　　② 네, 물이 아니에요.

③ 아니요, 물이 좋아요.　　④ 아니요, 물이 맛있어요.

1.　(4점)

① 네, 일찍 와요.　　　　　② 네, 일찍 올게요.

③ 아니요, 안 늦어요.　　　④ 아니요, 늦지 마세요.

2.　(4점)

① 네, 한국 사람이에요.　　　② 네, 한국 사람이 아니에요.

③ 아니요, 한국 사람이 없어요.　④ 아니요, 한국 사람이 있어요.

3.　(3점)

① 사무실에 전화해요.　　　② 친구하고 전화해요.

③ 선생님하고 통화했어요.　④ 부모님께 전화가 왔어요.

4.　(3점)

① 지금 드세요.　　　　　② 조금 매워요.

③ 식당에서 먹어요.　　　④ 젓가락으로 먹어요.

※ [5–6] 다음을 듣고 보기 와 같이 이어지는 말을 고르십시오.

┌─────────────────── 보기 ───────────────────┐
│ 가: 안녕히 계세요.   │
│ 나: _____   │
│   │
│ ① 말씀하세요.   ② 어서 오세요.   │
│ ❸ 안녕히 가세요.   ④ 안녕히 계세요.   │
└──┘

5. (4점)
① 잘 가요.   ② 괜찮아요.
③ 네, 잘 지냈어요?   ④ 안녕히 가세요.

6. (3점)
① 괜찮아요.   ② 아니에요.
③ 실례합니다.   ④ 잠깐만 기다리세요.

※ [7–10] 여기는 어디입니까? 보기 와 같이 알맞은 것을 고르십시오.

┌─────────────────── 보기 ───────────────────┐
│ 가: 어떻게 오셨어요?   │
│ 나: 이거 한국 돈으로 바꿔 주세요.   │
│   │
│ ❶ 은행   ② 시장   ③ 도서관   ④ 박물관 │
└──┘

7. (3점)
① 서점   ② 공원   ③ 도서관   ④ 박물관

8. (3점)
① 회사   ② 학교   ③ 공원   ④ 서점

9. (3점)

    ① 공원   ② 식당   ③ 병원   ④ 극장

10. (4점)

    ① 미술관   ② 박물관   ③ 영화관   ④ 체육관

※ **[11~14]** 다음은 무엇에 대해 말하고 있습니까? 보기 와 같이 알맞은 것을 고르십시오.

보기

가: 누구예요?

나: 이 사람은 형이고, 이 사람은 동생이에요.

❶ 가족   ② 친구   ③ 선생님   ④ 부모님

---

11. (3점)

    ① 교통   ② 직업   ③ 건강   ④ 수업

12. (3점)

    ① 맛   ② 요리   ③ 주문   ④ 메뉴

13. (4점)

    ① 수업   ② 휴가   ③ 날씨   ④ 건강

14. (3점)

    ① 소개   ② 위치   ③ 약속   ④ 계획

※　[15–16] 다음 대화를 듣고 알맞은 그림을 고르십시오. (각 4점)

15.　① 　②

③ 　④

16.　① 　②

③　④

[17–21] 다음을 듣고 보기 와 같이 대화 내용과 같은 것을 고르십시오. (각 3점)

보기

> 남자: 편지를 써요?
>
> 여자: 네, 동생한테 편지를 써요.
>
> ① 남자는 동생입니다.   ② 여자는 편지를 읽습니다.
>
> ③ 남자는 편지를 씁니다.   ❹ 여자는 동생이 있습니다.

17. ① 남자는 사고가 났습니다.

② 여자는 차에서 내릴 겁니다.

③ 여자는 약속 시간에 늦었습니다.

④ 퇴근 시간이라서 길이 많이 막힙니다.

18. ① 여자는 집들이에 못 갑니다.

② 여자는 약속을 취소했습니다.

③ 남자는 토요일에 이사를 할 겁니다.

④ 남자는 여자를 집들이에 초대했습니다.

19. ① 남자는 다시 전화를 할 겁니다.

② 여자는 수미 씨를 바꿔줬습니다.

③ 여자는 지금 수미와 같이 있습니다.

④ 남자는 여자에게 이름을 말했습니다.

20. ① 두 사람은 식당에 갔습니다.

② 남자는 떡볶이를 만들었습니다.

③ 두 사람은 떡볶이를 먹을 겁니다.

④ 여자는 매운 음식을 못 먹습니다.

21. ① 남자는 건강 때문에 운동을 합니다.

② 남자는 스트레스가 많아서 너무 힘듭니다.

③ 여자는 회사일 때문에 스트레스를 받습니다.

④ 여자는 스트레스를 풀려고 남자를 만났습니다.

※ **[22~24] 다음을 듣고 <u>여자</u>의 중심 생각을 고르십시오. (각 3점)**

22. ① 등산은 힘들어서 싫습니다.

② 산 위의 공기는 정말 좋습니다.

③ 꽃을 구경하려면 산에 가야 합니다.

④ 등산은 힘들지만 좋은 점이 많습니다.

23. ① 누구나 실수를 할 수 있습니다.

② 다른 사람보다 일찍 출근해야 합니다.

③ 아침에는 바빠서 메모할 시간이 없습니다.

④ 메모를 하면 할 일을 잊어버리지 않습니다.

24. ① 경치 사진은 필요 없습니다.

② 경치 사진은 꼭 찍어야 합니다.

③ 경치는 사진보다 직접 보는 게 좋습니다.

④ 경치는 사진으로 보는 게 더 아름답습니다.

25. 여자가 무엇에 대해 이야기하는지 맞는 것을 고르십시오. (3점)

① 어젯밤 꿈에 대해서

② 되고 싶은 직업에 대해서

③ 의사가 하는 일에 대해서

④ 사람들이 좋아하는 직업에 대해서

26. 들은 내용과 같은 것을 고르십시오. (4점)

① 의사는 꼭 필요한 사람입니다.

② 의사는 힘들어도 환자를 치료해야 합니다.

③ 저는 의사가 멋있는 직업이라고 생각합니다.

④ 저는 아픈 사람들에게 도움이 되고 싶습니다.

※ [27-28] 다음을 듣고 물음에 답하십시오.

27. 무엇에 대해서 이야기하고 있는지 맞는 것을 고르십시오. (3점)

① 여름철 운동 시간

② 여름철 운동의 종류

③ 여름철 건강한 운동법

④ 여름철 운동의 좋은 점

28. 들은 내용과 같은 것을 고르십시오. (4점)

① 여름에는 물을 많이 마셔야 합니다.

② 여름은 운동을 하기 좋은 계절입니다.

③ 여름에 운동하면 건강해질 수 있습니다.

④ 여름에는 운동 시간을 짧게 해야 합니다.

※ **[29-30] 다음을 듣고 물음에 답하십시오.**

29. 여자는 왜 한국 요리를 배우려고 하는지 맞는 것을 고르십시오. (3점)

① 김치찌개를 좋아해서

② 아르바이트를 하려고

③ 가족들에게 만들어 주려고

④ 고향 친구에게 가르쳐 주려고

30. 들은 내용과 같은 것을 고르십시오. (4점)

① 남자는 김치찌개만 끓일 줄 압니다.

② 여자는 책을 보고 한국 요리를 배웠습니다.

③ 김치찌개를 끓일 때는 제일 먼저 맛을 봅니다.

④ 남자는 여자에게 김치찌개 끓이는 법을 알려주었습니다.

※ [31-33] 무엇에 대한 이야기입니까? 보기 와 같이 알맞은 것을 고르십시오. (각 2점)

보기

사과가 있습니다. 그리고 배도 있습니다.

① 요일   ② 날짜   ❸ 과일   ④ 얼굴

31.

봄에는 꽃이 핍니다. 가을에는 단풍이 듭니다.

① 날씨   ② 장소   ③ 계절   ④ 요일

32.

수미는 옷을 삽니다. 민수는 신발을 삽니다.

① 쇼핑   ② 가족   ③ 음식   ④ 친구

33.

오늘 친구가 고향에 돌아갔습니다. 슬픕니다.

① 졸업   ② 약속   ③ 실수   ④ 기분

※ [34–39] 보기 와 같이 ( )에 들어갈 가장 알맞은 것을 고르십시오.

보기

눈이 나쁩니다. ( )을 씁니다.

① 사전　　　　② 수박　　　　❸ 안경　　　　④ 지갑

34. (2점)

( )에 갑니다. 비행기를 탑니다.

① 역　　　　② 공항　　　　③ 터미널　　　　④ 여행사

35. (2점)

영화를 봅니다. 영화( ) 재미있습니다.

① 가　　　　② 를　　　　③ 에　　　　④ 에서

36. (2점)

( ) 야채를 씻습니다. 그 다음에 야채를 썹니다.

① 아직　　　　② 먼저　　　　③ 자주　　　　④ 아까

37. (2점)

어제 방 청소를 했습니다. 방이 정말 ( ).

① 작습니다　　　　② 좋습니다　　　　③ 조용합니다　　　　④ 깨끗합니다

38. (3점)

> 늦게 일어났습니다. 학교에 (   ).

① 들렀습니다　　　② 지각했습니다　　　③ 출근했습니다　　　④ 출발했습니다

39. (3점)

> 컴퓨터가 안 켜집니다. 컴퓨터가 (   ).

① 샀습니다　　　② 고쳤습니다　　　③ 보냈습니다　　　④ 고장났습니다

※　[40-42] 다음을 읽고 맞지 <u>않는</u> 것을 고르십시오. (각 3점)

40.

봄꽃 축제

아름다운 음악과 함께 하는 축제

장소: 여의도 한강공원
일시: 4월 9일 ~ 4월 16일

★ 봄꽃 축제에 오시면 100분에게 작은 선물을 드립니다.

① 봄꽃 축제는 일주일 동안 합니다.
② 축제에 가면 모두 선물을 받습니다.
③ 축제에 가면 음악을 들을 수 있습니다.
④ 한강공원에 가면 꽃을 구경할 수 있습니다.

41.

월요일	화요일	수요일	목요일	금요일	토요일	일요일
☀	🌧	☀	☀	☀	☁	❄
6℃	1℃	3℃	0℃	2℃	-2℃	-8℃

① 토요일에 날씨가 좋습니다.

② 일요일 기온이 제일 낮습니다.

③ 화요일에는 우산이 필요합니다.

④ 월요일에는 공원에서 산책하기 좋습니다.

42.

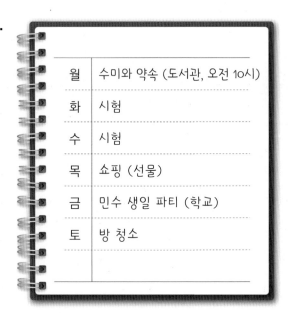

월	수미와 약속 (도서관, 오전 10시)
화	시험
수	시험
목	쇼핑 (선물)
금	민수 생일 파티 (학교)
토	방 청소

① 시험은 이틀 동안 봅니다.

② 토요일에 밖에 나갈 겁니다.

③ 금요일에 민수를 만날 겁니다.

④ 월요일에 도서관에 갈 겁니다.

43. (3점)

> 요즘 저는 월요일과 화요일에 기타를 배우러 갑니다. 아직 잘 못 치지만 기타를 치면 기분이 좋습니다. 열심히 연습해서 친구들 앞에서 치고 싶습니다.

① 저는 기타를 아주 잘 칩니다.
② 저는 기타를 배워 보고 싶습니다.
③ 저는 친구와 같이 기타를 배웁니다.
④ 저는 일주일에 두 번 기타를 배웁니다.

44. (2점)

> 저는 친구와 고향 음식을 만들었습니다. 친구는 중국 음식을 만들고 저는 베트남 음식을 만들었습니다. 우리는 점심을 다 먹은 후에 집에서 영화도 봤습니다.

① 우리는 영화관에 갔습니다.
② 우리는 저녁에 만났습니다.
③ 친구와 저는 고향이 다릅니다.
④ 친구는 음식을 만들 줄 모릅니다.

45. (3점)

> 저는 통장을 만들러 은행에 갔습니다. 그런데 외국인 등록증을 안 가지고 갔습니다. 그래서 통장을 못 만들고 그냥 집에 와야 했습니다.

① 저는 통장을 만들었습니다.
② 저는 바빠서 은행에 못 갔습니다.
③ 저는 신분증을 안 가지고 갔습니다.
④ 저는 외국인 등록증이 아직 없습니다.

※ [46-48] 다음을 읽고 중심 생각을 고르십시오.

46. (3점)

> 추석은 한국의 큰 명절 중의 하나입니다. 그래서 오늘부터 사흘 동안 연휴입니다. 명절에는 가족들이 모이기 때문에 추석에 고향에 내려가는 사람들이 많습니다.

① 추석에는 3일 동안 쉽니다.
② 명절에는 사람들이 많습니다.
③ 명절에는 가족과 함께 보냅니다.
④ 한국에는 명절이 하나 있습니다.

47. (3점)

> 휴대폰을 너무 오랜 시간 보면 눈 건강에 좋지 않습니다. 그리고 휴대폰을 보면서 길을 건너면 사고가 날 수도 있습니다. 이렇게 안 좋은 습관은 고쳐야 합니다.

① 휴대폰을 보지 않아야 합니다.
② 나쁜 휴대폰 사용 습관은 고쳐야 합니다.
③ 휴대폰을 많이 보면 눈이 나빠질 수 있습니다.
④ 휴대폰 때문에 문제가 많이 생겨서 걱정입니다.

48. (2점)

> 저는 모자를 좋아합니다. 그래서 외출할 때 꼭 모자를 쓰고 나갑니다. 그런데 어제 모자를 쓰고 할아버지께 인사를 해서 혼났습니다. 앞으로 모자를 벗고 인사해야겠습니다.

① 할아버지께 인사할 때 모자를 씁니다.
② 외출할 때 모자를 쓰고 나가야 합니다.
③ 어른에게 인사할 때는 모자를 벗어야 합니다.
④ 어른을 만나면 꼭 인사를 하는 것이 좋습니다.

※ [49-50] 다음을 읽고 물음에 답하십시오. (각 2점)

> 저는 언니가 한 명 있습니다. 언니는 대학교에서 디자인을 공부하는데 아주 재미있고 성격이 밝습니다. 우리는 사진 찍는 것을 좋아합니다. 그래서 한국에 오기 전에는 언니하고 주말에는 사진을 많이 찍었습니다. 그런데 요즘 전화를 자주 못해서 언니가 많이 (㉠   ).

49. ㉠에 들어갈 알맞은 말을 고르십시오.

① 그립습니다   ② 슬퍼합니다

③ 똑똑합니다   ④ 재미있습니다

50. 이 글의 내용과 같은 것을 고르십시오.

① 언니는 대학생인데 요즘 많이 바쁩니다.

② 지금 언니와 저는 같이 한국에 있습니다.

③ 저는 한국에 온 후에 언니와 자주 통화합니다.

④ 저와 언니는 모두 사진 찍는 것을 좋아합니다.

한국의 지하철은 안전합니다. 그리고 교통 카드를 사용할 수 있어서 이용하기가 편리합니다. 서울의 지하철은 1호선부터 9호선까지 있는데 호선마다 색이 (㉠   ) 가고 싶은 역을 쉽게 찾을 수 있습니다. 그리고 안내 방송이 나와서 어느 역인지 쉽게 알 수 있습니다. 그리고 65세 이상 노인은 무료로 지하철을 이용할 수도 있습니다.

51. ㉠에 들어갈 알맞은 말을 고르십시오. (3점)

① 다르면   ② 다르거나

③ 다르기 때문에   ④ 다르기는 하지만

52. 무엇에 대한 이야기인지 맞는 것을 고르십시오. (2점)

① 지하철의 종류

② 지하철의 좋은 점

③ 지하철 이용 방법

④ 지하철에서 지켜야 할 것

> 제 취미는 등산입니다. 그래서 시간이 있으면 등산을 갑니다. 혼자 갈 때도 있고 친구와 같이 갈 때도 있습니다. 이번 주말에는 친구와 등산을 (㉠). 그런데 일기예보에서 주말에 비가 온다고 했습니다. 날씨 때문에 약속을 취소해야 해서 기분이 안 좋습니다.

53. ㉠에 들어갈 알맞은 말을 고르십시오. (2점)

① 가고 있습니다　　　　　　　② 가면 안 됩니다

③ 가기로 했습니다　　　　　　④ 간 적이 있습니다

54. 이 글의 내용과 같은 것을 고르십시오. (3점)

① 저는 항상 혼자 등산을 갑니다.

② 이번 주말에는 친구를 만날 겁니다.

③ 주말에 비가 와서 등산을 못 갑니다.

④ 저는 비 오는 날에 기분이 안 좋습니다.

> 한국에서는 자장면부터 피자까지 거의 모든 음식을 배달해 줍니다. 또 마트에서 산 물건도 집까지 배달해 주어서 아주 편리합니다. 이러한 배달 문화는 바쁜 한국인들에게 아주 중요한 생활 문화입니다. (㉠) 외국인들도 좋아하는 한국 문화 중의 하나입니다.

55. ㉠에 들어갈 알맞은 말을 고르십시오. (2점)

① 그러나   ② 그런데

③ 그리고   ④ 그러면

56. 이 글의 내용과 같은 것을 고르십시오. (3점)

① 한국 사람들은 모두 바쁩니다.

② 마트에서 물건을 사면 편리합니다.

③ 한국에서는 모든 음식을 배달합니다.

④ 외국인들은 한국의 배달 문화를 좋아합니다.

57. (3점)

> (가) 지갑 안의 사진을 꼭 찾고 싶습니다.
>
> (나) 지갑을 보신 분은 꼭 연락해 주십시오.
>
> (다) 어제 도서관 근처에서 지갑을 잃어버렸습니다.
>
> (라) 그 지갑 안에는 가족사진과 신분증이 있습니다.

① (가)-(다)-(라)-(나)　　　② (나)-(가)-(라)-(다)

③ (다)-(나)-(가)-(라)　　　④ (다)-(라)-(가)-(나)

58. (2점)

> (가) 꼭 오셔서 구경하십시오.
>
> (나) 음료수와 과자도 준비했습니다.
>
> (다) 저희 동호회에서는 사진 전시회를 엽니다.
>
> (라) 전시회는 오전 9시부터 오후 6시까지입니다.

① (가)-(나)-(다)-(라)　　　② (가)-(다)-(라)-(나)

③ (다)-(나)-(라)-(가)　　　④ (다)-(라)-(나)-(가)

※ **[59~60] 다음을 읽고 물음에 답하십시오.**

(㉠) 생일이나 결혼식 같이 기쁜 날 우리는 선물을 합니다. (㉡) 그럴 때는 우선 선물을 받는 사람의 나이나 취미 등을 잘 생각하면 좋습니다. (㉢) 그리고 무슨 일로 축하를 하는지 생각하면 어떤 선물을 할지 결정하기가 쉬워집니다. (㉣)

59. 다음 문장이 들어갈 곳을 고르십시오. (2점)

선물을 고를 때 뭘 사야 할지 모를 때가 많습니다.

① ㉠   ② ㉡   ③ ㉢   ④ ㉣

60. 이 글의 내용과 같은 것을 고르십시오. (3점)
① 선물을 고를 때 나이는 중요하지 않습니다.
② 선물을 할 때는 주는 사람이 기쁘면 됩니다.
③ 왜 선물을 사는지 생각하면 고르기가 쉽습니다.
④ 선물을 살 때는 내 마음에 드는 것을 사면 됩니다.

> 저는 운동을 좋아합니다. 그래서 저녁마다 (　　　㉠　　　) 공원에 갑니다. 공원에 가면 달리기를 할 수 있는 곳이 있습니다. 그곳에서 매일 30분씩 달리기를 합니다. 달리기를 하면 스트레스가 풀립니다. 운동을 매일 하니까 건강도 좋아지는 것 같습니다. 앞으로 계속 운동을 할 계획입니다.

61. ㉠에 들어갈 알맞은 말을 고르십시오.

① 운동을 해서　　　　　　② 운동을 하러

③ 운동을 하니까　　　　　④ 운동을 하기 전에

62. 이 글의 내용과 같은 것을 고르십시오.

① 저는 아침마다 공원에 갑니다.

② 저는 운동을 매일 하지는 않습니다.

③ 달리기를 하면 스트레스가 풀립니다.

④ 공원에서 달리기를 하는 사람이 많습니다.

※ [63-64] 다음을 읽고 물음에 답하십시오.

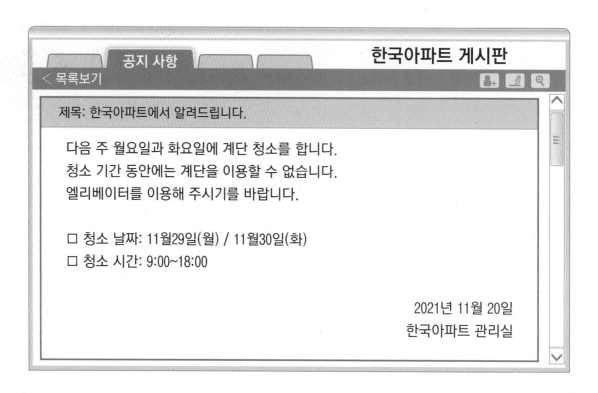

공지 사항 　　　　　　　한국아파트 게시판
< 목록보기

제목: 한국아파트에서 알려드립니다.

다음 주 월요일과 화요일에 계단 청소를 합니다.
청소 기간 동안에는 계단을 이용할 수 없습니다.
엘리베이터를 이용해 주시기를 바랍니다.

□ 청소 날짜: 11월29일(월) / 11월30일(화)
□ 청소 시간: 9:00~18:00

2021년 11월 20일
한국아파트 관리실

63. 왜 이 글을 썼는지 맞는 것을 고르십시오. (2점)
① 청소 장소를 바꾸려고
② 청소 계획을 물어보려고
③ 청소 이유를 설명하려고
④ 청소 날짜와 시간을 알려 주려고

64. 이 글의 내용과 같은 것을 고르십시오. (3점)
① 계단 청소는 오후 8시까지 합니다.
② 이틀 동안 계단 청소를 할 겁니다.
③ 계단 청소는 화요일에 시작할 겁니다.
④ 청소 기간 동안 엘리베이터를 이용할 수 없습니다.

딸기는 많은 사람들이 좋아하는 과일입니다. 그냥 먹어도 맛있지만 다양한 방법으로 여러 가지 음식을 만들 수 있습니다. 딸기와 설탕을 같이 오랫동안 (㉠   ) 딸기잼이 됩니다. 그리고 딸기와 시원한 얼음으로 주스도 만듭니다. 또 딸기로 맛있는 케이크를 만들기도 합니다. 이렇게 딸기는 다양하게 먹을 수 있는 과일입니다.

65. ㉠에 들어갈 알맞은 말을 고르십시오. (2점)

① 끓이면　　　　　　　　　② 끓이고

③ 끓이니까　　　　　　　　④ 끓이지만

66. 이 글의 내용과 같은 것을 고르십시오. (3점)

① 딸기 주스는 만들기 어렵습니다.

② 딸기는 과일로만 먹어야 맛있습니다.

③ 딸기를 사용한 다양한 음식이 있습니다.

④ 사람들은 딸기보다 딸기 케이크를 좋아합니다.

※ **[67~68] 다음을 읽고 물음에 답하십시오. (각 3점)**

> 황사는 주로 3월에서 4월까지 많이 생깁니다. 황사는 모래와 작은 돌이 바람과 함께 불어오는 것입니다. 황사가 생기면 특별히 건강에 주의해야 합니다. 모래가 사람의 코와 입으로 들어가면 나쁜 병이 생길 수 있기 때문입니다. 그래서 황사 바람이 불 때는 평소보다 더 (㉠   ).

67. ㉠에 들어갈 알맞은 말을 고르십시오.
① 집에 있어야 합니다　　　　　② 운동을 해야 합니다
③ 바람이 많이 불 것입니다　　　④ 건강에 관심을 가져야 합니다

68. 이 글의 내용과 같은 것을 고르십시오.
① 황사는 겨울과 봄에 생깁니다.
② 황사는 한국에서만 볼 수 있습니다.
③ 황사는 별로 신경 쓸 필요가 없습니다.
④ 황사 모래는 건강에 안 좋을 수 있습니다.

> 어제 우리 옆집에 새로운 이웃이 이사를 왔습니다. 할아버지, 할머니, 아빠, 엄마, 아이가 두 명이나 있는 식구가 많은 가족이었습니다. 저는 새로 이사 온 가족과 반갑게 인사를 했습니다. 그리고 저녁에는 같이 밥을 먹고 웃으면서 이야기를 나눴습니다. 시간이 금방 지나가는 것 같았습니다. 옆집 식구들과 함께 있어서 정말 좋았습니다. 앞으로도 (㉠   ).

69. ㉠에 들어갈 알맞은 말을 고르십시오.

① 익숙하지 않을 것입니다
② 함께 어울릴 수 없습니다
③ 가깝게 지낼 것 같습니다
④ 어렵게 느껴질 것 같아 걱정입니다

70. 이 글의 내용으로 알 수 있는 것을 고르십시오.

① 우리 가족은 식구가 많습니다.
② 저는 옆집이 이사를 가서 아쉬웠습니다.
③ 저는 어제 옆집이 이사하는 것을 도와줬습니다.
④ 저는 어제 옆집 가족과 즐거운 시간을 보냈습니다.

제5회
실전모의고사

TOPIK Ⅰ

듣기, 읽기
(Listening, Reading)

수험번호(Registration No.)		
이름 (Name)	한국어(Korean)	
	영　어(English)	

유 의 사 항
Information

1. 시험 시작 지시가 있을 때까지 문제를 풀지 마십시오.
   Do not open the booklet until you are allowed to start.

2. 접수번호와 이름은 정확하게 적어 주십시오.
   Write your name and registration number on the answer sheet.

3. 답안지를 구기거나 훼손하지 마십시오.
   Do not fold the answer sheet; keep it clean.

4. 답안지의 이름, 접수번호 및 정답의 기입은 컴퓨터용 펜을 사용하여 주십시오.
   Use the optical mark reader(OMR) pen only.

5. 정답은 답안지에 정확하게 표시하여 주십시오.
   Mark your answer accurately and clearly on the answer sheet.

   marking example ① ● ③ ④

6. 문제를 읽을 때에는 소리가 나지 않도록 하십시오.
   Keep quiet while answering the questions.

7. 질문이 있을 때에는 손을 들고 감독관이 올 때까지 기다려 주십시오.
   When you have any questions, please raise your hand.

※ **[1-4]** 다음을 듣고 보기 와 같이 물음에 맞는 대답을 고르십시오.

───── 보기 ─────

가: 물이에요?

나: _____

❶ 네, 물이에요.　　　　　② 네, 물이 아니에요.

③ 아니요, 물이 좋아요.　　④ 아니요, 물이 맛있어요.

1. (4점)

① 네, 동생이 멋있어요.　　② 네, 동생이 있어요.

③ 아니요, 동생이 아니에요.　④ 아니요, 동생이 재미없어요.

2. (4점)

① 네, 숙제해요.　　　　　② 네, 숙제가 어려워요.

③ 아니요, 숙제가 쉬웠어요.　④ 아니요, 숙제 안 했어요.

3. (3점)

① 네, 지금 통화해요.　　　② 네, 편지를 써요.

③ 아니요, 가끔 해요.　　　④ 아니요, 집에 전화해요.

4. (3점)

① 세 개 주세요.　　　　　② 세 명이에요.

③ 삼천 원이에요.　　　　　④ 삼 인분 주세요.

※ [5-6] 다음을 듣고 보기 와 같이 이어지는 말을 고르십시오.

┌─────────────────── 보기 ───────────────────┐
│   │
│ 가: 안녕히 계세요.   │
│ 나: _____   │
│   │
│ ① 말씀하세요.   ② 어서 오세요.   │
│ ❸ 안녕히 가세요.   ④ 안녕히 계세요.   │
│   │
└──┘

5. (4점)
　　① 알겠습니다.   ② 반갑습니다.
　　③ 괜찮습니다.   ④ 고맙습니다.

6. (3점)
　　① 네, 그런데요.   ② 잘 다녀오세요.
　　③ 만나서 반가워요.   ④ 잠깐만 기다리세요.

※ [7-10] 여기는 어디입니까? 보기 와 같이 알맞은 것을 고르십시오.

┌─────────────────── 보기 ───────────────────┐
│   │
│ 가: 어떻게 오셨어요?   │
│ 나: 이거 한국 돈으로 바꿔 주세요.   │
│   │
│ ❶ 은행   ② 시장   ③ 도서관   ④ 박물관 │
│   │
└──┘

7. (3점)
　　① 꽃집   ② 빵 가게   ③ 옷 가게   ④ 신발 가게

8. (3점)
　　① 교실   ② 병원   ③ 도서관   ④ 사무실

9. (3점)

    ① 약국   ② 은행   ③ 교실   ④ 공원

10. (4점)

    ① 극장   ② 마트   ③ 사무실   ④ 매표소

※   **[11-14] 다음은 무엇에 대해 말하고 있습니까? 보기 와 같이 알맞은 것을 고르십시오.**

> 보기
>
> 가: 누구예요?
>
> 나: 이 사람은 형이고, 이 사람은 동생이에요.
>
> ❶ 가족   ② 친구   ③ 선생님   ④ 부모님

11. (3점)

    ① 소식   ② 여행   ③ 외출   ④ 장마

12. (3점)

    ① 이웃   ② 주인   ③ 친척   ④ 가족

13. (4점)

    ① 전공   ② 수업   ③ 계획   ④ 시험

14. (3점)

    ① 휴일   ② 명절   ③ 주말   ④ 달력

※ [15–16] 다음 대화를 듣고 알맞은 그림을 고르십시오. (각 4점)

15. ①  ②

③  ④

16. ①  ②

③  ④

※ **[17–21] 다음을 듣고 보기 와 같이 대화 내용과 같은 것을 고르십시오. (각 3점)**

┌─────────────────── 보기 ───────────────────┐

남자: 편지를 써요?

여자: 네, 동생한테 편지를 써요.

① 남자는 동생입니다.　　　　　② 여자는 편지를 읽습니다.

③ 남자는 편지를 씁니다.　　　　❹ 여자는 동생이 있습니다.

└──┘

17. ① 여자는 큰 냉장고를 사고 싶습니다.

② 여자는 김치 냉장고를 사러 왔습니다.

③ 여자는 다른 냉장고도 더 구경할 겁니다.

④ 여자는 남자가 추천한 냉장고가 마음에 듭니다.

18. ① 여자는 도와주러 갔습니다.

② 남자는 구급차를 불렀습니다.

③ 여자는 사고가 나서 크게 다쳤습니다.

④ 남자는 가지 않는 것이 좋다고 생각합니다.

19. ① 여자는 요가를 배워 봤습니다.

② 남자는 요가를 배우러 왔습니다.

③ 여자는 1년 동안 요가를 배웠습니다.

④ 남자는 여자와 함께 요가를 배울 겁니다.

20. ① 남자는 지하철을 타고 식당에 갈 겁니다.

② 여자는 남자에게 식당을 소개하고 있습니다.

③ 남자는 식당을 예약하려고 전화를 했습니다.

④ 여자는 남자에게 주차장을 안내해 줬습니다.

21. ① 여자는 감기에 걸렸습니다.

② 두 사람은 꽃집에 왔습니다.

③ 남자는 옷을 얇게 입었습니다.

④ 두 사람은 산책을 가려고 합니다.

※ **[22-24] 다음을 듣고 <u>여자</u>의 중심 생각을 고르십시오. (각 3점)**

22. ① 박물관에 가려면 시간 예약을 해야 합니다.

② 박물관 안내원의 설명은 중요하지 않습니다.

③ 역사에 관심이 많으면 박물관에 가면 좋습니다.

④ 박물관 안내원의 설명을 들으면서 보면 더 좋습니다.

23. ① 겨울에는 밖에서 놀아야 합니다.

② 겨울에 눈이 많이 와서 재미있습니다.

③ 낚시를 할 줄 알아야 축제에 갈 수 있습니다.

④ 겨울에도 밖에서 재미있게 할 수 있는 것이 많습니다.

24. ① 감기에는 운동이 좋습니다.

② 감기에 걸리면 집에만 있어야 합니다.

③ 모든 운동은 병을 빨리 낫게 해 줍니다.

④ 조금 아플 때는 가벼운 운동이 도움이 됩니다.

25. 여자는 지금 무엇에 대해서 이야기하고 있는지 맞는 것을 고르십시오. (3점)
① 백화점 화장품 매장 광고
② 화장품 샘플을 받는 장소
③ 유명 배우의 사인회 장소
④ 유명 배우의 사인회 안내

26. 들은 내용과 같은 것을 고르십시오. (4점)
① 화장품을 사면 사인을 받을 수 있습니다.
② 유명 배우 사인회는 오후 1시부터 시작합니다.
③ 사인을 받으면 화장품 샘플도 받을 수 있습니다.
④ 배우와 사진을 찍으면 사인을 받을 수 없습니다.

27. 경주와 부산을 같이 가면 좋은 이유로 맞는 것을 고르십시오. (3점)
① 거리가 가까워서
② KTX를 타고 가서
③ 여행 상품이 있어서
④ 2박 3일로 갈 수 있어서

28. 들은 내용과 같은 것을 고르십시오. (4점)
① 두 사람은 같이 여행을 갈 겁니다.
② 경주까지 고속버스를 타고 갑니다.
③ 여자는 1박 2일로 여행을 갈 겁니다.
④ 남자는 여자에게 여행 상품을 소개했습니다.

29. 남자는 왜 운동을 시작하려고 하는지 맞는 것을 고르십시오. (3점)

    ① 건강이 나빠져서

    ② 수영을 할 줄 몰라서

    ③ 운동을 배우고 싶어서

    ④ 주말에 혼자 연습할 수 있어서

30. 들은 내용과 같은 것을 고르십시오. (4점)

    ① 남자는 3년 동안 수영을 배웠습니다.

    ② 남자는 여자한테 수영을 배우려고 합니다.

    ③ 여자는 스포츠센터에서 운동을 하고 있습니다.

    ④ 스포츠센터에서는 여러 가지 운동을 배울 수 있습니다.

※ [31-33] 무엇에 대한 이야기입니까? 보기 와 같이 알맞은 것을 고르십시오. (각 2점)

보기

사과가 있습니다. 그리고 배도 있습니다.

① 요일   ② 날짜   ❸ 과일   ④ 얼굴

31.

오늘은 토요일입니다. 내일은 일요일입니다.

① 계절   ② 시간   ③ 날씨   ④ 요일

32.

저는 스무 살입니다. 동생은 열아홉 살입니다.

① 나이   ② 가족   ③ 시간   ④ 장소

33.

내일은 설날입니다. 설날에는 3일 동안 쉽니다.

① 연휴   ② 가족   ③ 장소   ④ 교통

※ [34–39] 보기 와 같이 (   )에 들어갈 가장 알맞은 것을 고르십시오.

┌─────────────── 보기 ───────────────┐
눈이 나쁩니다. (   )을 씁니다.

① 사전   ② 수박   ❸ 안경   ④ 지갑
└────────────────────────────────────┘

34. (2점)

음료수를 삽니다. (   )에 갑니다.

① 병원   ② 학교   ③ 화장실   ④ 편의점

35. (2점)

저녁을 안 먹었습니다. (   ) 먹을 겁니다.

① 아까   ② 일찍   ③ 자주   ④ 이따가

36. (2점)

한국어를 배웁니다. 중국어(   ) 배웁니다.

① 가   ② 도   ③ 에게   ④ 에서

37. (3점)

내일 단어 시험이 있습니다. 지금 단어를 (   ).

① 줍니다   ② 외웁니다   ③ 일합니다   ④ 잊어버립니다

38. (2점)

> 친구가 피아노를 (　　　　　　). 저는 바이올린을 켭니다.

① 칩니다　　　② 붑니다　　　③ 합니다　　　④ 탑니다

39. (3점)

> 출근 시간입니다. 지하철이 (　　　　　　).

① 쉽습니다　　　② 빠릅니다　　　③ 어렵습니다　　　④ 복잡합니다

※ **[40-42] 다음을 읽고 맞지 <u>않는</u> 것을 고르십시오. (각 3점)**

40.

책상을 싸게 팝니다

다음 달에 고향으로 돌아갑니다.
그래서 책상을 싸게 팝니다.
책상은 산 지 6개월 되었습니다. 아주 깨끗합니다.
책상을 사시면 의자도 드립니다.
아래 번호로 연락 주세요.

연락처: 010-1234-5678

① 새 책상을 사려고 팝니다.
② 책상은 6개월 전에 샀습니다.
③ 책상을 사려면 전화해야 합니다.
④ 책상을 사면 의자는 무료로 줍니다.

41.

주의사항

- 도서관 안에서 떠들지 마십시오.
- 도서관 안에서 통화하지 마십시오.
- 도서관 안에서 음식을 드시지 마십시오.
  (※가지고 온 음식은 식당에서 드십시오.)
- 도서관 안에서 담배를 피우지 마십시오.

① 도서관 안에서 조용히 해야 합니다.
② 도서관 안에서 통화하면 안 됩니다.
③ 도서관 안에서 담배를 피우면 안 됩니다.
④ 도서관에 음식을 가지고 올 수 없습니다.

42.

어린이 수영 교실

기간: 7월~8월 (방학 기간)
장소: 서울 실내 수영장
대상: 서울에 사는 초등학생

초급: 10:00~11:00 ·············· 40,000원(1개월)
중급: 12:00~13:00 ·············· 50,000원(1개월)

① 수영 교실은 방학에만 합니다.
② 초급 수업이 제일 먼저 시작합니다.
③ 중학생도 수영을 배울 수 있습니다.
④ 초급 수업의 한 달 수업료는 사만 원입니다.

43. (3점)

> 저는 오늘 아침에도 공원에서 산책을 했습니다. 지난주와 다르게 여기 저기 꽃이 많이 피어 있었습니다. 저는 봄을 제일 좋아하는데 봄을 느낄 수 있어서 좋았습니다.

① 저는 오늘 처음 공원에 갔습니다.
② 저는 꽃이 많이 피어서 좋았습니다.
③ 저는 지난주에 다른 공원에 갔습니다.
④ 저는 약속이 있어서 공원에 갔습니다.

44. (2점)

> 저는 미국 사람입니다. 한국어를 배우려고 한국에 왔습니다. 저는 한국어 선생님이 되고 싶습니다. 그래서 학교에서 한국어와 한국 문화 수업을 듣습니다.

① 저는 미국에서 공부하고 있습니다.
② 저는 한국어를 가르치고 싶습니다.
③ 저는 한국 문화에 관심이 없습니다.
④ 저는 학교에서 한국 문화를 가르칩니다.

45. (3점)

> 저는 한국 음식을 좋아합니다. 그중에서 김치를 제일 좋아해서 자주 먹습니다. 어제는 김치를 직접 만들어 봤습니다. 그런데 제가 만든 김치는 너무 맛없었습니다.

① 저는 김치만 좋아합니다.
② 저는 김치를 잘 만듭니다.
③ 저는 김치를 자주 만듭니다.
④ 저는 김치를 정말 좋아합니다.

※ [46-48] 다음을 읽고 중심 생각을 고르십시오.

46. (3점)

> 다음 주부터 방학입니다. 저는 방학에 아르바이트를 하려고 합니다. 그래서 내일 친구가 소개해 준 곳에 면접을 보러 갑니다. 면접을 잘 보면 좋겠습니다.

① 아르바이트를 찾기 힘듭니다.
② 친구와 아르바이트를 찾고 있습니다.
③ 친구에게 아르바이트를 소개할 겁니다.
④ 아르바이트를 할 수 있으면 좋겠습니다.

47. (3점)

> 저는 한국 음악을 들으면서 공부합니다. 음악을 들으면서 공부하면 재미있게 공부할 수 있습니다. 재미있게 공부하니까 한국어 실력도 많이 늘었습니다.

① 한국어 공부는 어렵습니다.
② 공부는 재미있게 해야 합니다.
③ 한국 음악을 들으면 재미있습니다.
④ 공부를 잘 하려면 음악을 들어야 합니다.

48. (2점)

> 저는 친구와 같이 삽니다. 친구는 한국어를 잘 못합니다. 그래서 항상 제가 물건을 사거나 장을 봅니다. 가끔 힘들 때가 있습니다.

① 친구가 주로 물건을 삽니다.
② 친구는 한국어를 잘 합니다.
③ 저는 장 보는 것을 좋아합니다.
④ 저는 친구 때문에 가끔 힘듭니다.

> 제주 시티투어버스를 들어본 적이 있습니까? 제주 시티투어버스를 타면 제주도 곳곳을 구경할 수 있습니다. 특히 내리고 싶은 곳에서 내려서 (　　ㄱ　　) 재미있게 여행을 할 수 있을 것입니다. 제주도에 여행 가면 제주 시티투어버스를 타 보세요.

49. ㄱ에 들어갈 알맞은 말을 고르십시오.

① 구경하려고 　　　　　　　② 구경하는데

③ 구경한 후에 　　　　　　　④ 구경할 수 있어서

50. 이 글의 내용과 같은 것을 고르십시오.

① 시티투어버스를 타면 제주도에 갈 수 있습니다.

② 시티투어버스로 제주도 여행을 할 수 있습니다.

③ 시티투어버스는 타고 싶은 곳에서 탈 수 있습니다.

④ 시티투어버스를 타면 차 안에서만 구경할 수 있습니다.

외국인들이 한국에서 김치 만들기나 K-pop 댄스 배우기 등 여러 가지 한국 문화를 체험할 수 있는 곳이 있습니다. 벌써 많은 외국인들이 이곳에서 (㉠) 한국 문화를 체험했습니다. 이곳의 체험 프로그램은 누구나 할 수 있고 무료입니다. 체험을 하고 싶은 사람은 홈페이지에서 신청을 하면 됩니다.

51. ㉠에 들어갈 알맞은 말을 고르십시오. (3점)

① 다양한   ② 답답한

③ 신선한   ④ 복잡한

52. 무엇에 대한 이야기인지 맞는 것을 고르십시오. (2점)

① 한국 문화 소개

② 한국 문화의 종류 소개

③ 한국 문화 프로그램 소개

④ 한국 문화 체험 방법 소개

저는 사진 찍는 것을 좋아합니다. 하지만 사진을 잘 찍지는 못합니다. 그래서 사진 동아리에 가입했습니다. 사진 동아리에 가면 선배들에게 사진 찍는 것을 배울 수 있습니다. 이번 주 토요일에는 동아리 친구들과 같이 한강에서 사진을 (㉠   ).

53. ㉠에 들어갈 알맞은 말을 고르십시오. (2점)

① 찍으면 됩니다   ② 찍고 싶습니다

③ 찍으려고 합니다   ④ 찍을 수 있습니다

54. 이 글의 내용과 같은 것을 고르십시오. (3점)

① 제 취미는 사진 찍는 것입니다.

② 저는 동아리에 가입할 계획입니다.

③ 사진을 찍어서 동아리 친구들과 같이 봅니다.

④ 동아리에 가입하려면 사진을 잘 찍어야 합니다.

※   [55-56] 다음을 읽고 물음에 답하십시오.

> 한복은 한국의 전통 옷으로 설이나 추석 같은 명절에 주로 입습니다. 하지만 내년부터 한복을 교복으로 입는 학교가 생깁니다. 사람들은 한복을 교복으로 입으면 불편할 것이라고 생각하지만 한복 교복은 학생들이 생활할 때 불편하지 않게 만들었습니다. (㉠   ) 현재 여학생 교복은 치마만 있지만 한복 교복은 치마와 바지 중에서 선택할 수 있습니다.

55. ㉠에 들어갈 알맞은 말을 고르십시오. (2점)

① 그래서   ② 그리고

③ 그런데   ④ 그러니까

56. 이 글의 내용과 같은 것을 고르십시오. (3점)

① 한복은 명절에만 입습니다.

② 한복을 입으면 불편하지 않습니다.

③ 여학생의 한복 교복은 치마만 있습니다.

④ 한복을 교복으로 입는 학교가 생길 겁니다.

57. (3점)

> (가) 추석과 설날은 한국의 큰 명절입니다.
> (나) 이렇게 한국은 명절마다 먹는 음식이 다릅니다.
> (다) 설날은 음력 1월 1일로 아침에 떡국을 먹습니다.
> (라) 추석은 음력 8월 15일로 송편을 만들어서 먹습니다.

① (가)-(나)-(다)-(라)　　　　② (가)-(다)-(라)-(나)
③ (다)-(나)-(라)-(가)　　　　④ (다)-(라)-(나)-(가)

58. (2점)

> (가) 오늘은 부동산에 갔습니다.
> (나) 두 달 후에 집 계약이 끝나기 때문입니다.
> (다) 그리고 월세는 비싸지 않으면 좋겠습니다.
> (라) 이번에는 깨끗하고 조용한 집을 구하고 싶습니다.

① (가)-(나)-(다)-(라)　　　　② (가)-(나)-(라)-(다)
③ (라)-(나)-(가)-(다)　　　　④ (라)-(나)-(다)-(가)

※ **[59~60] 다음을 읽고 물음에 답하십시오.**

> 요즘 커피숍의 분위기가 달라지고 있습니다. (㉠) 예전에는 커피숍에 커피를 마시거나 친구를 만나러 많이 갔습니다. (㉡) 하지만 요즘은 혼자 책을 읽거나 공부를 하러 가는 사람들이 많습니다. (㉢) 혼자 앉을 수 있는 자리, 노트북을 사용할 수 있는 자리, 같이 모여서 공부를 할 수 있는 자리가 생겼습니다. (㉣)

59. 다음 문장이 들어갈 곳을 고르십시오. (2점)

> 그래서 커피숍의 자리도 많이 바뀌었습니다.

① ㉠   ② ㉡   ③ ㉢   ④ ㉣

60. 이 글의 내용과 같은 것을 고르십시오. (3점)

① 커피숍에 혼자 가는 사람은 없습니다.

② 커피숍은 커피만 마시러 가는 곳입니다.

③ 커피숍에서 노트북으로 공부할 수 있습니다.

④ 커피숍의 분위기와 자리는 예전과 비슷합니다.

최근 전통 시장에 관광객이 많아지고 있습니다. 그중에서 통인시장이 많은 외국인에게 (㉠) 있습니다. 그 이유는 바로 '도시락' 때문입니다. 통인시장에서는 한국의 옛날 돈으로 여러 가지 반찬을 사서 나만의 도시락을 만들 수 있습니다. 이렇게 한국의 다양한 음식을 즐길 수 있는 통인시장의 '도시락'은 외국인들에게 인기 있는 관광 상품이 되었습니다.

61. ㉠에 들어갈 알맞은 말을 고르십시오.
① 도움을 받고   ② 걱정이 되고
③ 사랑을 받고   ④ 능력이 있고

62. 이 글의 내용과 같은 것을 고르십시오.
① 한국에는 전통 시장이 많습니다.
② 한국은 아직 옛날 돈을 사용합니다.
③ 외국인들은 시장에서 음식을 만들 수 있습니다.
④ 시장에서 다양한 한국 음식을 먹을 수 있습니다.

※ [63-64] 다음을 읽고 물음에 답하십시오.

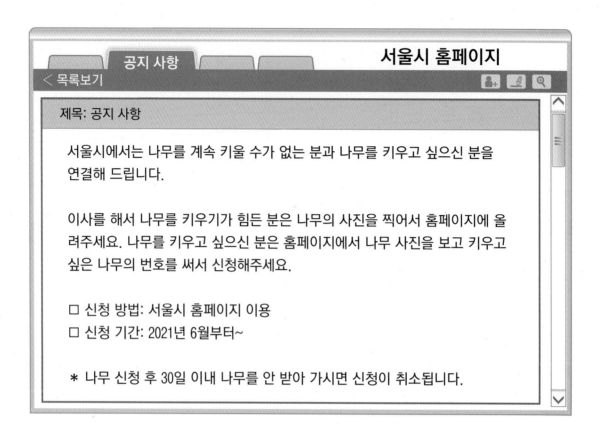

공지 사항   서울시 홈페이지
< 목록보기

제목: 공지 사항

서울시에서는 나무를 계속 키울 수가 없는 분과 나무를 키우고 싶으신 분을
연결해 드립니다.

이사를 해서 나무를 키우기가 힘든 분은 나무의 사진을 찍어서 홈페이지에 올
려주세요. 나무를 키우고 싶으신 분은 홈페이지에서 나무 사진을 보고 키우고
싶은 나무의 번호를 써서 신청해주세요.

□ 신청 방법: 서울시 홈페이지 이용
□ 신청 기간: 2021년 6월부터~

* 나무 신청 후 30일 이내 나무를 안 받아 가시면 신청이 취소됩니다.

63. 왜 이 글을 썼는지 맞는 것을 고르십시오. (2점)
① 나무 심기 행사를 열기 위해서
② 나무 사진을 보여 주기 위해서
③ 나무 키우는 방법을 소개하기 위해서
④ 나무를 나누는 방법을 알려 주기 위해서

64. 이 글의 내용과 같은 것을 고르십시오. (3점)
① 서울시에서 나무를 사서 시민들에게 나눠줍니다.
② 나무 신청 후 한 달 안에 나무를 받아가야 합니다.
③ 나무를 키우고 싶은 사람은 직접 나무를 보고 신청합니다.
④ 나무를 키울 수 없는 사람은 서울시에 나무를 주면 됩니다.

운동이나 좋은 식사 습관은 노인들의 건강에 좋습니다. 하지만 이것보다 더 중요한 것이 있습니다. 바로 '말하기'입니다. 특히 65세 이상의 노인에게 그렇습니다. 노인들은 혼자 있는 시간이 많아 외롭습니다. 이럴 때 자주 친한 사람들과 대화를 해야 합니다. (㉠) 메시지보다는 직접 만나서 이야기를 하는 것이 건강에 도움이 됩니다.

65. ㉠에 들어갈 알맞은 말을 고르십시오. (2점)

① 전화나 　　　　　　　　② 전화만

③ 전화밖에 　　　　　　　④ 전화 때문에

66. 이 글의 내용과 같은 것을 고르십시오. (3점)

① 노인들은 말하기 연습이 필요합니다.

② 노인들은 혼자 있는 것을 좋아합니다.

③ 노인들은 메시지를 자주 보내야 합니다.

④ 노인 건강에 말하기는 매우 중요합니다.

> 저는 지금 일 때문에 한국에 온 지 6개월 되었습니다. 한국에 있기 때문에 고향이 더욱 그립습니다. 이곳은 지금 봄이라서 꽃구경을 하는 가족을 볼 때마다 고향에 있는 (㉠   ). 고향에 가면 부모님과 친구들을 만나서 함께 시간을 보낼 것입니다. 빨리 일을 끝내고 고향에 돌아가기만을 기다리고 있습니다.

67. ㉠에 들어갈 알맞은 말을 고르십시오.
① 가족이 슬픕니다   ② 회사 걱정이 됩니다
③ 친구들에게 미안합니다   ④ 가족 생각이 더 많이 납니다

68. 이 글의 내용과 같은 것을 고르십시오.
① 제 고향은 지금 봄입니다.
② 저는 한국에 오래 있고 싶습니다.
③ 저는 고향에 돌아가서 친구를 만났습니다.
④ 저는 고향을 떠난 지 반 년 정도 됐습니다.

※ **[69-70] 다음을 읽고 물음에 답하십시오. (각 3점)**

> 우리는 영화를 볼 때 보통 극장에 갑니다. 집에서도 영화는 볼 수 있지만 큰 화면으로 봐야 더 재미있기 때문입니다. 그런데 극장에 가면 옆에서 음료수나 팝콘을 먹는 사람들이 많습니다. 그래서 영화를 볼 때 (　　　㉠　　　). 하지만 자동차 극장은 자동차 안에서 보기 때문에 조용히 영화를 볼 수 있어서 좋습니다.

69. ㉠에 들어갈 알맞은 말을 고르십시오.

① 앞자리에 앉습니다　　　　　　② 음식을 먹어야 합니다

③ 시끄러울 때가 있습니다　　　　④ 즐겁게 이야기할 수 있습니다

70. 이 글의 내용으로 알 수 있는 것을 고르십시오.

① 영화를 보려면 극장에 가야 합니다.

② 영화를 볼 때 음식을 먹으면 맛있습니다.

③ 극장보다 자동차 극장이 영화보기 좋습니다.

④ 자동차를 타고 극장에 가는 사람들이 많습니다.

한국어 능력시험

토픽 ON 유튜브

TOPIK on YouTube

해설집

한국어 능력시험

토픽 ON 유튜브

TOPIK on YouTube

해설집

한글파크

〈토픽 ON 유튜브〉는 한국어능력시험(TOPIK) 초급을 준비하는 학생들을 위한 교재입니다. 초급 시험을 준비하는 학생들 대부분은 학원이나 기관에 의존하지 않고 홀로 시험을 준비합니다. 혼자 공부하다보니 시험 유형에 익숙하지 않아 실수를 많이 하거나 어떻게 공부해야 할지 몰라 헤매는 경우를 많이 보았습니다. 온라인 자료가 충분치 않은 현 상황에서 학생들이 토픽 준비로 어려움을 겪으며 고군분투하는 모습이 한국어 교사로서 참 안타까웠습니다. 그래서 토픽 초급을 처음 준비하는 학생들이 차근차근 배운 것을 복습하면서 시험 준비를 할 수 있도록 도와주고 싶은 마음으로 교재 집필을 시작하게 되었습니다.

〈토픽 ON 유튜브〉는 집필진의 이러한 고민이 결실이 된 토픽 실전모의고사 문제집입니다. 본 책의 가장 큰 특징은 한국어능력시험(TOPIK) 초급을 준비하는 수험생들이 시간과 장소에 구애받지 않고 본 교재를 활용할 수 있다는 점입니다. 그리고 유튜브라는 매체를 통해 다양한 토픽 문제를 접할 수 있고, 저자의 생생한 문제 해설도 들을 수 있습니다. 뿐만 아니라 반복 학습이 가능하고 본인이 원하는 취약한 문제 유형만 선택적으로 들으면서 궁금증을 해결할 수 있기 때문에 매우 유용하다고 할 수 있습니다.

〈토픽 ON 유튜브〉의 실전모의고사는 지금까지 출제 빈도가 높았던 어휘와 중요 문법을 중심으로 문제를 구성하였으며, 문제 속에 초급 토픽 어휘 1,800여개와 초급 문법을 거의 모두 녹여내었습니다. 적합한 주제와 알찬 내용으로 구성된 본 교재를 성실히 공부한다면 기대 이상의 성과를 얻을 수 있으리라 봅니다.

온라인 강의와 유튜브라는 매체 사용에 익숙하지 않은 집필진에게 〈토픽 ON 유튜브〉는 사실 도전과도 같은 과제였습니다. 하지만 부족함은 잠시 뒤로 미뤄두고 오로지 학생을 위하는 마음으로 최선을 다해 결과물을 만들려고 노력했습니다. 그리고 〈토픽 ON 유튜브〉의 완성도를 높이기 위해 모든 노고를 아끼지 않으신 출판 관계자분들께 진심으로 감사드리며, 모쪼록 이러한 모든 노력이 토픽 시험을 준비하는 학습자들에게 조금이나마 도움이 되기를 바랍니다.

2021년 3월
집필진 올림

● 〈토픽 ON 유튜브〉 이렇게 활용하세요!

▶ 〈토픽 ON 유튜브〉로 토픽! 초급 완성하기!

1단계 ── 천천히 모든 문제 풀기 ➡ 유튜브로 문제 해설 보기

2단계 ── 유형별로 묶어서 문제 공부하기 ➡ 유튜브 해설 영상 보기

3단계 ── 해설집으로 tip까지 공부하기 ➡ 책 뒤 해설집 읽어 보기

4단계 ── 모의고사에 나온 모르는 단어와 표현 공부하기 (* 어휘 노트 만들기) ➡
몰랐던 단어들 노트에 정리해 외우기

● 시험 준비할 시간이 많은 친구와 시간이 별로 없는 친구는 공부 방법을 다르게 해야
해요!!

공부할 시간이 많이 있어요!

1 먼저 문제를 풀어 보세요.
2 1번 문제부터 차례대로 유튜브의 해설 영
상을 하나씩 보면서 한 문제씩 답을 확인해
보세요.
3 내가 맞은 문제는 정확히 내용을 잘 알고
있는지 확인해요
4 틀린 문제는 왜 틀렸는지 알아야 해요. 선
생님의 설명을 한번 더 들어 보세요.
5 시험을 보는 것처럼 시간을 정하고 문제를
다시 한 번 풀어보세요.

공부할 시간이 별로 없어요!

1 먼저 시험을 보는 것처럼 시간을 확인하면
서 모의고사 문제를 풀어보세요.
2 해설과 정답을 확인해 보세요.
3 답은 맞았지만 문제를 풀 때 잘 몰랐던 문
제, 어려운 문제에 ✓ 표시해 보세요.
4 그 문제에 맞는 유튜브 해설 강의를 찾아서
들으세요.

◉ 〈토픽 ON 유튜브〉 문제 해설 영상을 보며 확인해요!

문제 해설 영상을 보면서 문제의 정답을 다시 한 번 확인하세요. 문제 해설 영상을 보면서 왜 틀렸는지를 꼭 알아야 해요.

일러두기

● 〈토픽 ON 유튜브〉 해설집을 보고 자세히 공부해요!

책 뒤에 문제 해설이 있어요. 문제를 풀 때 도움이 되는 중요한 문장과 표현이 나와 있어요. 또 꼭 알아야 하는 부분을 tip으로 표시했어요. 다른 보기들이 왜 정답이 아닌 지 설명도 있어요. 이러한 해설 tip만 잘 활용해도 점수를 높일 수 있으니 꼭 읽어보세요.

1 해설집에서 듣기 녹음의 대화 내용을 확인할 수 있어요. 해설집을 보면서 들은 내용과 맞는지 확인하세요.

남자: 이거 어디에서 샀어요?
여자: 백화점에서 샀어요.

대답 (장소)에서 샀어요

tip (어디)에서 V (사다, 먹다…)
(어디)에 가다 / 오다
(어디)에 있다 / 없다

2 tip에는 문제를 풀 때 도움이 되는 표현이나 어휘가 있어요.
여기에 있는 표현도 꼭 확인하세요.

여자: 안녕하세요? 한국 홈쇼핑입니다. 무엇을 도와 드릴까요?
남자: 텔레비전으로 신발을 보고 있는데요. 하얀색 운동화 270 사이즈를 주문하고 싶어서요.
여자: 먼저 상품부터 확인해 드리겠습니다. (잠시 후) 죄송합니다. 고객님, 270 사이즈는 없습니다. 다른 색은 어떠세요?
남자: 그럼 파란색으로 주세요. 그런데 혹시 물건을 받고 마음에 안 들면 교환할 수 있어요?
여자: 네, 교환하고 싶으시면 다시 전화를 주세요.

3 문제의 정답을 추측할 수 있는 중요한 문장을 노란색으로 표시했어요.

날씨가 흐립니다. 비가 (내릴 겁니다).

tip 날씨가 흐립니다. 비가 올 겁니다.
(= 비가 내릴 겁니다.)
★ 비가 오다 (= 내리다) ↔ 비가 그치다

4 정답과 함께 반대말도 제시되어 있어서 어휘를 공부할 수 있어요.

저는 지난 주말에 친구와 전주에 다녀왔습니다. 전주는 한국의 전통문화를 보고 느낄 수 있는 곳으로 (㉠ 유명합니다). 전주에는 전통 한옥이 많이 있는데 우리는 그곳에서 부채 만들기 등 다양한 것을 해 봤습니다. 그리고 저녁에는 한옥에서 잤습니다. 처음 한옥에서 자 봤는데 분위기가 참 좋았습니다. 다음에는 부모님과 함께 꼭 다시 갈 겁니다.

49. ❷ 유명합니다
   ◎ N(으)로 유명하다 / A/V−기로 유명하다
   ㉾ 한국은 김치로 유명합니다.
      한국은 김치가 맛있기로 유명합니다.

5 이해하기 쉽게 예문을 넣었어요.

◉ 〈토픽 ON 유튜브〉 언제 어디서나 유튜브를 보면서 공부해요!

언제, 어디에서든지 유튜브로 듣기 녹음을 반복해서 듣고 문제를 다시 풀어 볼 수 있어요. 그리고 이해가
안 되는 문제는 선생님의 해설 영상을 볼 수 있어요!!!

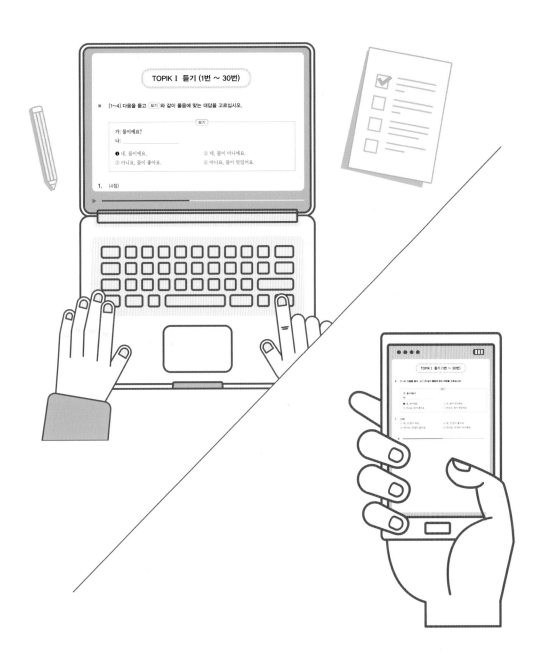

TOPIK 시험 안내

1. 한국어능력시험의 목적

- 한국어를 모국어로 하지 않는 재외동포·외국인의 한국어 학습 방향 제시 및 한국어 보급 확대
- 한국어 사용능력을 측정·평가하여 그 결과를 국내 대학 유학 및 취업 등에 활용

2. 응시 대상

한국어를 모국어로 하지 않는 재외동포 및 외국인으로서
- 한국어 학습자 및 국내 대학 유학 희망자
- 국내·외 한국 기업체 및 공공기관 취업 희망자
- 외국 학교에 재학 중이거나 졸업한 재외국민

3. 주관 기관

교육부 국립국제교육원

4. 시험의 수준 및 등급

- 시험의 수준 : TOPIK I, TOPIK II
- 평가 등급 : 6개 등급(1~6급)

TOPIK I		TOPIK II			
1급	2급	3급	4급	5급	6급
80점 이상	140점 이상	120점 이상	150점 이상	190점 이상	230점 이상

5. 시험 시간

구분	교시	영역	시간
TOPIK I	1교시	듣기/읽기	100분
TOPIK II	1교시	듣기/쓰기	110분
	2교시	읽기	70분

6. 문항 구성

1) 수준별 구성

시험 수준	교시	영역/시간	유형	문항수	배점	배점총계
TOPIK I	1교시	듣기(40분)	객관식	30	100	200
	2교시	읽기(60분)	객관식	40	100	
TOPIK II	1교시	듣기(60분)	객관식	50	100	300
		쓰기(50분)	주관식	4	100	
	2교시	읽기(70분)	객관식	50	100	

2) 문제 유형
　① 객관식 문항(4지 택 1형)
　② 주관식 문항(쓰기 영역)
　　• 문장 완성형(단답) : 2문항
　　• 작문형 : 2문항　 － 중급 수준의 200~300자 정도의 설명문 1문항
　　　　　　　　　　　　 － 고급 수준의 600~700자 정도의 논술문 1문항

7. 등급별 평가 기준

시험 수준	교시	배점 총계
TOPIK Ⅱ	3급	－ 일상생활을 영위하는 데 별 어려움을 느끼지 않으며, 다양한 공공시설의 이용과 사회적 관계 유지에 필요한 기초적 언어 기능을 수행할 수 있다. － 친숙하고 구체적인 소재는 물론, 자신에게 친숙한 사회적 소재를 문단 단위로 표현하거나 이해할 수 있다. － 문어와 구어의 기본적인 특성을 구분해서 이해하고 사용할 수 있다.
	4급	－ 공공시설 이용과 사회적 관계 유지에 필요한 언어 기능을 수행할 수 있으며, 일반적인 업무 수행에 필요한 기능을 어느 정도 수행할 수 있다. － '뉴스, 신문 기사' 중 평이한 내용을 이해할 수 있다. 일반적인 사회적·추상적 소재를 비교적 정확하고 유창하게 이해하고, 사용할 수 있다. － 자주 사용되는 관용적 표현과 대표적인 한국 문화에 대한 이해를 바탕으로 사회·문화적인 내용을 이해하고 사용할 수 있다.
	5급	－ 전문 분야에서의 연구나 업무 수행에 필요한 언어 기능을 어느 정도 수행할 수 있다. － '정치, 경제, 사회, 문화' 전반에 걸쳐 친숙하지 않은 소재에 관해서도 이해하고 사용할 수 있다. － 공식적, 비공식적 맥락과 구어적, 문어적 맥락에 따라 언어를 적절히 구분해 사용할 수 있다.
	6급	－ 전문 분야에서의 연구나 업무 수행에 필요한 언어 기능을 비교적 정확하고 유창하게 수행할 수 있다. － '정치, 경제, 사회, 문화' 전반에 걸쳐 친숙하지 않은 주제에 관해서도 이용하고 사용할 수 있다. 원어민 화자의 수준에는 이르지 못하나 기능 수행이나 의미 표현에는 어려움을 겪지 않는다.

목차

한국어 능력시험

토픽
ON
유튜브
TOPIK on YouTube

정답과 해설

실전모의고사 1회

듣기

1. ④	2. ③	3. ③	4. ①	5. ③
6. ②	7. ④	8. ③	9. ①	10. ④
11. ④	12. ①	13. ②	14. ③	15. ②
16. ②	17. ②	18. ④	19. ④	20. ④
21. ①	22. ①	23. ③	24. ②	25. ③
26. ④	27. ①	28. ④	29. ①	30. ③

읽기

31. ①	32. ④	33. ①	34. ①	35. ④
36. ④	37. ②	38. ①	39. ③	40. ④
41. ③	42. ③	43. ③	44. ④	45. ③
46. ③	47. ④	48. ②	49. ②	50. ③
51. ②	52. ②	53. ①	54. ④	55. ④
56. ③	57. ③	58. ③	59. ③	60. ②
61. ③	62. ③	63. ②	64. ①	65. ④
66. ②	67. ④	68. ④	69. ①	70. ④

듣기 (1번 ~ 30번)

[1-4] 다음을 듣고 [보기]와 같이 물음에 맞는 대답을 고르십시오.

1. ❹

> 여자: 안경이에요?
> 남자: 아니요, 안경이 아니에요.

대답 네, N이에요/예요
아니요, N이/가 아니에요

2. ❸

> 남자: 학교에 가요?
> 여자: 아니요, 학교에 안 가요.

대답 네, N(장소)에 가요
아니요, N(장소)에 안 가요
아니요, N(장소)에 가지 않아요

3. ❸

> 남자: 주말에 뭐 할 거예요?
> 여자: 도서관에 갈 거예요.

대답 V-(으)ㄹ 거예요
tip N(장소)에 가다 / 오다
N(장소)에서 N을/를 V

4. ❶

> 남자: 이거 언제 만들었어요?
> 여자: 아침에 만들었어요.

대답 N(시간)에 만들었어요
tip 언제 → 시간

[5-6] 다음을 듣고 [보기]와 같이 이어지는 말을 고르십시오.

5. ❸

> 여자: 늦어서 미안해요.
> 남자: 괜찮아요.

대답 괜찮아요.
tip 미안해요. → 괜찮아요. / 고마워요. → 아니에요.

6. ❷

> 여자: 여보세요? 민수 씨 계세요?
> 남자: 네, 전데요.

대답 네, 전데요.
tip 네, 그런데요. / 네, 그렇습니다.

[7-10] 여기는 어디입니까? 보기 와 같이 알맞은 것을 고르십시오.

7. ❹

> 여자: 이 책 세 권 빌리려고요.
> 남자: 네, 학생증 주세요.

💡 tip 책을 빌리다 → 도서관

8. ❸

> 남자: 저기요, 김치 좀 더 갖다 주세요.
> 여자: 네, 여기 있습니다.

💡 tip 식당에서 주문하고 싶습니다. 종업원을 부릅니다.
　　　→ 저기요. / 여기요.
★ 김치 주세요 → 식당
　(음식 이름)

9. ❶

> 여자: 시청으로 가 주세요.
> 남자: 네, 알겠습니다.

💡 tip 택시를 탑니다.
　　　→ N(장소)(으)로 가 주세요

10. ❹

> 남자: 어떻게 해 드릴까요?
> 여자: 짧게 잘라 주세요.

💡 tip 머리를 자르다 → 미용실
★ 머리가 깁니다. 미용실에서 머리를 자릅니다.

[11-14] 다음은 무엇에 대해 말하고 있습니까?
보기 와 같이 알맞은 것을 고르십시오.

11. ❹

> 남자: 어느 나라 사람이에요?
> 여자: 저는 영국 사람이에요.

💡 tip 김민수 → 이름 / 회사원 → 직업
　　　영국 사람 → 국적, 나라

12. ❶

> 남자: 내일 영화 볼까요?
> 여자: 네, 좋아요.

💡 tip 친구와 같이 영화를 보고 싶습니다. 어떻게 말합니까?
　　　V-(으)ㄹ까요? 좋아요. (두 사람은 약속을 했습니다.)

13. ❷

> 남자: 무슨 일을 해요?
> 여자: 학생들을 가르쳐요.

💡 tip 무슨 일 → 직업

14. ❸

> 남자: 수미 씨 생일인데 뭘 살 거예요?
> 여자: 수미 씨는 꽃을 좋아해요. 그래서 꽃을 사
> 　　　려고 해요.

💡 tip 생일에 N을/를 사다 → 선물

[15-16] 다음 대화를 듣고 알맞은 그림을 고르십시오.

15. ❷

> 남자: 무겁지요? 제가 들어 드릴게요.
> 여자: 괜찮아요. 무겁지 않아요.

💡 tip 여자가 무거운 것을 들고 있습니다. 남자가 여자를
　　　도와주고 싶어서 물어봅니다.

16. ❷

남자: 어서 오세요. 우리 소파에 앉아서 차 한잔해요.
여자: 네, 감사합니다. 이거 선물이에요.

💡 **tip** 여자가 남자의 집에 와서 남자와 이야기를 합니다.
여자의 손에 선물이 있습니다.

[17-21] 다음을 듣고 〔보기〕와 같이 대화 내용과 같은
것을 고르십시오.

17. ❷ 여자는 감기에 걸렸습니다.

남자: 수미 씨, 어디 아파요? 얼굴이 안 좋아요.
여자: 네, 어제부터 열도 나고 기침도 해요.
남자: 약은 먹었어요? 빨리 병원에 가 보세요.

💡 **tip** 열도 나고 기침도 해요. → 감기입니다.

18. ❹ 두 사람은 만나서 같이 기차역에 갈 겁니다.

남자: 수미 씨, 기차표 예매했어요?
여자: 지금 하고 있어요. 그런데 내일 오후 기차표
가 없네요. 오전 10시 어때요?
남자: 내일 10시에는 못 갈 것 같은데요. 11시는
없어요?
여자: 있어요. 그럼 이걸로 예매할게요. 내일 학교
앞에서 만나서 같이 가요.

💡 **tip** 두 사람은 내일 학교 앞에서 만납니다.
같이 기차역에 갑니다.

19. ❹ 두 사람은 다음 주에 설악산에 갈 겁니다.

여자: 와, 하늘 좀 보세요. 정말 예뻐요.
남자: 한국의 가을은 하늘도 예쁘고 단풍도 정말
아름다워요. 작년 가을에 설악산에 갔는데
정말 좋았어요.
여자: 그래요? 저도 다음 주말에 설악산에 가 보
려고요.
남자: 그럼 같이 가요.

💡 **tip** 남자는 여자하고 같이 설악산에 가려고 합니다.

20. ❹ 여자는 남자에게 아르바이트를 소개해 줄 겁니다.

남자: 수미 씨, 수업이 끝나고 뭐 해요?
여자: 요즘 평일에 아르바이트를 하고 있어요.
남자: 그래요? 어디에서 일해요? 저도 아르바이트
를 하고 싶어요.
여자: 지금 편의점에서 일해요. 지금 오후에 일할
사람을 찾고 있는데 이따가 저하고 같이 가
봐요.

💡 **tip** 여자가 남자에게 아르바이를 소개해 주려고 합니다.
★ 평일: 월요일~금요일 / 주말: 토요일~일요일

21. ❶ 여자는 남자를 도와줄 겁니다.

남자: 여보세요? 수미 씨, 불고기 만들 수 있어요?
여자: 네, 그런데 왜요?
남자: 외국인 친구들을 집에 초대했는데 매운 음
식을 잘 못 먹을 것 같아서 불고기를 준비하
려고요.
여자: 그래요? 그럼 제가 가서 도와줄게요.

💡 **tip** 여자가 남자의 집에 가서 불고기 만드는 것을 도와
줄 겁니다.

[22-24] 다음을 듣고 <u>여자</u>의 중심 생각을 고르십시오.

22. ❶ 음식은 적당히 사야 합니다.

남자: 와, 우유가 5개에 3천 원이에요. 정말 싸네요.
여자: 날짜를 보세요. 3일 동안 다 마셔야 돼요.
남자: 그래도 2개 사는 것보다 싸니까 이걸로 사요.
여자: 지난번에도 1개밖에 못 마시고 다 버렸어요.
　　　1개만 사요.

💡 tip 여자가 하고 싶은 말: 음식을 너무 많이 사면 안 됩니다. 적당히 사야 합니다.

★ 적당히 → 알맞게

23. ❸ 지하철은 빠르고 요금이 싸서 좋습니다.

여자: 출근 시간이라서 길이 많이 막히네요. 지하철이 더 빠를 것 같아요.
남자: 지하철은 갈아타야 하고 사람도 많아서 불편해요.
여자: 하지만 자동차로 가면 늦을 것 같아요. 지하철이 요금도 싸고 좋지 않아요?
남자: 알겠어요. 그럼 우리 지하철로 가요.

💡 tip 여자가 하고 싶은 말: 지하철이 빠릅니다. 그리고 요금도 쌉니다.

24. ❷ 영화는 외국어 공부에 좋은 방법입니다.

남자: 수미 씨, 또 영화 보고 있어요? 매일 영화만 보고 공부는 안 해요?
여자: 지금 외국 영화 보면서 외국어 공부하고 있어요.
남자: 영화가 공부에 도움이 돼요?
여자: 그럼요. 영화를 보면서 외국어를 공부하면 쉽고 재미있게 배울 수 있어요.

💡 tip 여자가 하고 싶은 말: 영화는 외국어 공부에 도움이 됩니다. → 좋은 방법입니다.

[25-26] 다음을 듣고 물음에 답하십시오.

여자: (딩동댕) 한국 마트를 찾아주셔서 감사합니다. 지금부터 3시까지 과일을 세일합니다. 맛있는 과일을 싸게 사고 싶으신 분들은 서둘러 주시기 바랍니다. 한 상자에 이만 원하는 포도를 한 상자에 만 원, 만 원에 드리겠습니다. 그리고 다섯 개에 오천 원하는 사과를 다섯 개에 삼천 원, 삼천 원에 드리겠습니다. 잠시 후 3시 반 부터는 고기도 세일을 합니다. 한국 마트를 이용해 주셔서 감사합니다.

25. ❸ 마트 물건 세일을 알려 주려고
　　　➡ 과일을 세일합니다.

26. ❹ 과일 세일이 끝나고 고기도 싸게 팔 겁니다.
　　　➡ 3시 반부터는 고기도 세일을 합니다.

[27-28] 다음을 듣고 물음에 답하십시오.

여자: 안녕하세요? 한국 홈쇼핑입니다. 무엇을 도와 드릴까요?
남자: 텔레비전으로 신발을 보고 있는데요. 하얀색 운동화 270 사이즈를 주문하고 싶어요.
여자: 먼저 상품부터 확인해 드리겠습니다. (잠시 후) 죄송합니다. 고객님, 270 사이즈는 없습니다. 다른 색은 어떠세요?
남자: 그럼 파란색으로 주세요. 그런데 혹시 물건을 받고 마음에 안 들면 교환할 수 있어요?
여자: 네, 교환하고 싶으시면 다시 전화를 주세요.

27. ❶ 상품 주문
　　　➡ 하얀색 운동화 270 사이즈를 주문하고 싶어서요.

28. ❹ 남자는 파란색 운동화를 주문했습니다.
　　　➡ 그럼 파란색으로 주세요.

[29-30] 다음을 듣고 물음에 답하십시오.

남자: 와, TV 좀 보세요. 20년 전 초등학교 선생님을 만났어요.
여자: 정말요? 저도 저 프로그램에 나가 보고 싶네요.
남자: 수미 씨도 찾고 싶은 사람이 있어요?
여자: 네, 선생님을 찾고 싶어요. 제가 초등학교 때 많이 아팠어요. 그때 그 선생님이 저를 많이 도와주셨어요.
남자: 와, 정말 좋은 선생님이시네요. 그런데 지금 연락이 안 돼요?
여자: 네, 여기로 이사 온 후에 연락처를 잃어버렸어요.

29. ① 선생님을 찾고 싶어서
➡ 선생님을 찾고 싶어요.

30. ③ 여자는 어렸을 때 건강이 안 좋았습니다.
➡ 많이 아팠어요.

[31-33] 무엇에 대한 이야기입니까? 보기 와 같이 알맞은 것을 고르십시오.

31. ❶

친구는 눈이 큽니다. 그런데 입은 작습니다.

💡 tip 눈, 입 → 얼굴

32. ❹

저는 불고기를 좋아합니다. 불고기는 맛있습니다.

💡 tip 불고기 → 음식

33. ❶

저는 축구를 잘합니다. 동생은 농구를 잘합니다.

💡 tip 축구, 농구 → 운동

[34-39] 보기 와 같이 (   )에 들어갈 가장 알맞은 것을 고르십시오.

34. ❶

내일부터 방학입니다. 그래서 수업이 (없습니다).

💡 tip 방학입니다. 수업이 없습니다. 학생들이 학교에 안 갑니다.

35. ❹

날씨가 흐립니다. 비가 (내릴 겁니다).

💡 tip 날씨가 흐립니다. 비가 올 겁니다.
(= 비가 내릴 겁니다.)
★ 비가 오다 (= 내리다) ↔ 비가 그치다

36. ④

커피숍에 자주 갑니다. 커피숍(에서) 친구를 만납니다.

> 💡 tip N(장소)에서 N을/를 V

37. ②

저는 한국어를 안 배웠습니다. 그래서 한국어를 (전혀) 할 줄 모릅니다.

> 💡 tip 아주 잘합니다.
> 이미 배웠습니다.
> 조금 할 줄 압니다.

38. ①

주말마다 영화를 봅니다. (극장)에 자주 갑니다.

> 💡 tip 영화를 봅니다. 극장에 갑니다.

39. ③

어제는 배가 아팠습니다. 그래서 집에서 (쉬었습니다).

> 💡 tip 아팠습니다. → 병원에 갔습니다. / 쉬었습니다.

[40-42] 다음을 읽고 맞지 <u>않는</u> 것을 고르십시오.

40.

❹ 오후 6시 30분에 부산에 도착합니다.

➡ 기차는 오후 6시 30분에 출발합니다. 오후 9시에 도착합니다.

41.

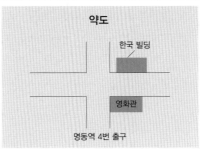

❸ 윤수는 작년에도 생일 파티를 했습니다.

➡ 작년에 생일 파티를 안 했습니다.

> 💡 tip 첫 생일 파티 → 1살 /
> 윤수는 작년 11월 28일에 태어났습니다.

42.

〈지갑을 찾습니다!〉

저는 어제 화장실에서 지갑을 잃어버렸습니다.
제 지갑은 검은색입니다.
지갑 안에 돈, 학생증, 가족사진이 있습니다.
제 지갑을 보신 분은 연락해 주세요.

전화번호 : 010-5666-2341 스티븐

❸ 이 사람은 지갑을 찾았습니다.

➡ 지갑을 찾고 있습니다. 아직 못 찾았습니다.

[43-45] 다음의 내용과 같은 것을 고르십시오.

43. ❸ 저는 축구 보는 걸 좋아합니다.

저는 축구를 좋아합니다. 그래서 주말마다 집에서 축구 경기를 보거나 경기장에 가서 봅니다. 하지만 축구를 잘 못해서 축구하는 건 별로 안 좋아합니다.

> 💡 tip 주말마다 축구 경기를 봅니다.

44. ❹ 한강 공원에서 자전거를 탈 수 있습니다.

내일 날씨가 좋으면 친구하고 한강 공원에 갈 겁니다. 친구가 음식을 만들어 오고, 저는 카메라를 가져갈 겁니다. 우리는 자전거도 타고 사진도 많이 찍을 겁니다.

💡 **tip** 이 사람은 한강 공원에서 자전거를 탈 겁니다.

45. ❸ 저는 사람들에게 물건을 무료로 줄 겁니다.

집에 안 쓰는 물건이 많이 있습니다. 다 깨끗하지만 저한테는 필요 없는 것입니다. 그래서 저는 이 물건들을 필요한 사람에게 그냥 주고 싶습니다.

💡 **tip** 돈을 받지 않습니다. 무료입니다.

[46-48] 다음을 읽고 중심 생각을 고르십시오.

46. ❸ 저는 부모님이 빨리 보고 싶습니다.

저는 바빠서 1년 동안 고향에 못 갔습니다. 그래서 다음 주말에 부모님께서 한국에 오시기로 했습니다. 빨리 주말이 오면 좋겠습니다.

💡 **tip** 주말에 부모님이 오십니다. 그래서 주말을 기다립니다.

47. ❹ 저는 한국 친구 덕분에 한국에서 잘 지냅니다.

한국에 처음 왔을 때 한국어를 잘 못해서 정말 힘들었습니다. 그때 한국 친구가 저를 많이 도와줬습니다. 지금도 그 친구와 친하게 지냅니다.

💡 **tip** • 덕분에: ㉠ 친구가 저를 도와줬습니다. 친구 덕분에 잘 지냅니다.
　　　• 때문에: ㉠ 친구가 약속에 늦었습니다. 친구 때문에 기분이 나쁩니다.

48. ❷ 저는 커피를 많이 안 마실 겁니다.

저는 커피를 좋아합니다. 그런데 요즘 커피를 많이 마셔서 잠을 잘 못 잡니다. 그래서 이제부터 하루에 한 잔만 마시기로 했습니다.

💡 **tip** 하루에 한 잔만 마실 겁니다. → 커피를 많이 안 마실 겁니다.

[49-50] 다음을 읽고 물음에 답하십시오.

처음에는 사람들이 가격이 비싼 물건을 살 때 카드를 사용했습니다. (㉠그러나) 요즘은 편의점에서 싼 물건도 카드로 살 수 있습니다. 그래서 현금보다 카드를 많이 사용합니다. 이렇게 현금을 쓰는 일이 적어지면 앞으로는 현금이 없어질 것 같습니다.

49. ❷ 그러나
💡 **tip** 처음에는 ~ (그러나) 요즘은~
　★ 은/는: 서로 다른 내용을 비교할 때 사용합니다.
　　㉠ 사과는 작아요. 그러나 수박은 커요.

50. ❸ 요즘 사람들은 카드를 많이 사용합니다.
💡 **tip** A보다 B을/를 V → B를 V
　　㉠ 현금보다 카드를 많이 사용합니다.
　　　→ 카드를 많이 사용합니다.

[51-52] 다음을 읽고 물음에 답하십시오.

우리 도서관은 월요일부터 금요일까지 오전 9시부터 오후 9시까지 이용할 수 있습니다. 토요일에는 오후 1시에 문을 닫고 일요일에는 쉽니다. 책은 한 사람에 5권까지 빌릴 수 있고, 기간 내에 책을 (㉠ 반납해야 합니다). 반납하지 않으면 일주일 동안 책을 빌릴 수 없습니다.

51. ❷ 반납해야 합니다.
💡 **tip** 계획: V-(으)ㄹ 겁니다 / V-(으)려고 하다
　　㉠ 주말에 여행을 갈 겁니다.
　　가능: V-(으)ㄹ 수 있다
　　㉠ 시간이 있습니다. 친구를 만날 수 있습니다.
　　의무: V-아야/어야 하다
　　㉠ 책을 빌립니다. 반납해야 합니다.

52. ❷ 도서관 이용 안내

> 🔆 tip • 이용 시간: 월~금, 오전 9시~오후 9시
>   토요일 오전 9시~오후 1시
>   • 이용 방법: 1인, 5권
>   • 이용 규칙: 기간 내 반납

[53-54] 다음을 읽고 물음에 답하십시오.

> 부모들은 주말에 비가 오면 아이들과 나가서 놀 수 없기 때문에 (㉠ 고민이) 많습니다. 이럴 때 종이접기는 아이들과 할 수 있는 좋은 놀이입니다. 색종이와 테이프만 있으면 다양한 것을 만들 수 있어서 아이들이 아주 좋아합니다.

53. ❶ 고민이

> 🔆 tip 고민 (= 걱정)

54. ❹ 종이접기는 아이들과 할 수 있는 좋은 놀이입니다.

[55-56] 다음을 읽고 물음에 답하십시오.

> 운동을 할 때 (㉠ 준비운동을 하지 않고) 바로 운동을 하면 다치기 쉽습니다. 따라서 운동을 하기 전에는 반드시 가벼운 스트레칭을 해야 합니다. 또 나이에 맞는 운동을 해야 합니다. 아이들은 친구들과 함께 할 수 있는 운동이 좋고, 어른들은 천천히 걷는 운동이 좋습니다.

55. ❹ 준비운동을 하지 않고

> 🔆 tip V-고(순서) → 준비운동을 하지 않고 운동을 하면 (O)
>   A/V-아서/어서(이유) → 준비운동을 안 해서 운동을 하면 (X)

56. ❸ 어른과 아이의 운동은 달라야 합니다.

> 🔆 tip 나이에 맞는 운동을 해야 합니다.

[57-58] 다음을 순서대로 맞게 나열한 것을 고르십시오.

57. ❸ (라)-(다)-(가)-(나)

> (가) 나는 한복입기 체험을 해 보았습니다.
> (나) 한복을 입고 사진도 찍어볼 수 있어서 좋았습니다.
> (다) 남산한옥마을에는 여러 가지 전통 프로그램이 있었습니다.
> (라) 지난 주말에 다양한 체험을 하고 싶어서 남산한옥마을에 갔습니다.

> 🔆 tip 시작하는 말: 언제 무엇을 했어요?

58. ❹ (나)-(가)-(라)-(다)

> (가) 청소 기간은 내일부터 일주일 동안입니다.
> (나) 우리 아파트 지하 주차장 청소를 하려고 합니다.
> (다) 일주일 후에는 다시 주차장을 이용하실 수 있습니다.
> (라) 내일부터는 자동차를 다른 곳에 주차하여 주시기 바랍니다.

> 🔆 tip 시작하는 말: 무엇을 할 거예요?

[59-60] 다음을 읽고 물음에 답하십시오.

> 요즘 걷기 여행을 하는 사람들이 많아지고 있습니다. (㉠) 걷기 운동은 집 근처에서도 할 수 있지만 걷기 여행을 하면 여행지를 걸으면서 아름다운 경치도 감상할 수 있습니다. (㉡) 보통 여행은 가족이나 친구들과 많이 갑니다. (㉢ 그러나 걷기 여행은 혼자 가는 여행자들이 많습니다). 혼자 걸으면서 음악을 듣거나 조용히 생각을 할 수 있어서 좋기 때문입니다. (㉣)

59. ❸ ㉢

60. ❷ 걷기 여행은 혼자하기 좋은 여행입니다.

[61-62] 다음을 읽고 물음에 답하십시오.

잠을 자기 전에 아이에게 책을 읽어주면 아이가 좋은 꿈을 꿀 수 있습니다. 이때 많은 책을 읽어주는 것보다는 두세 권 정도를 매일 밤 읽어주는 것이 중요합니다. 그리고 책을 읽어줄 때 아이의 눈을 (㉠ 보면서) 읽어주면 아이가 마음이 편안해서 잠을 잘 잘 수 있습니다. 이렇게 아이가 10세가 될 때까지 자기 전에 책을 읽어주는 것이 좋다고 합니다.

61. ❸ 보면서

🔆 tip V-(으)면서 V: 두 개의 행동을 같이 할 때 사용합니다.
㉠ 밥을 먹으면서 TV를 봐요.

62. ❸ 자기 전에 아이에게 책을 읽어주는 것이 좋습니다.

🔆 tip 아이가 좋은 꿈을 꿀 수 있습니다. / 아이가 마음이 편안해서 잠을 잘 잘 수 있습니다.

[63-64] 다음을 읽고 물음에 답하십시오.

제1회 가족 연극 축제

안녕하세요? 서울시에서는 부모님과 어린이가 함께 볼 수 있는 연극 축제를 준비했습니다. 재미있고 좋은 연극을 가족이 함께 보면서 이야기도 할 수 있습니다. 이번 축제에 꼭 오셔서 즐거운 시간을 보내시기 바랍니다.
요일마다 다양한 공연이 준비되어 있으니 예매를 서두르세요!!

날짜: 10월 1일 ~ 10월 7일
장소: 서울시 문화 극장
예매: 가족 연극 축제 홈페이지

63. ❷ 연극 축제를 소개하려고

🔆 tip 서울시에서는 부모님과 어린이가 함께 볼 수 있는 연극 축제를 준비했습니다.

64. ❶ 매일 다양한 공연을 볼 수 있습니다.

🔆 tip 요일마다 → 매일

[65-66] 다음을 읽고 물음에 답하십시오.

한국의 단풍은 색이 예뻐서 사람들에게 인기가 많습니다. 그래서 매년 가을이 되면 주말에 단풍 구경을 하러 가는 사람들로 고속도로가 매우 복잡합니다. 평일에는 서울에서 강원도까지 보통 3시간 정도 (㉠ 걸리는데) 주말에는 길이 막혀서 5시간 정도 걸립니다. 시간은 오래 걸리지만 사람들은 단풍 구경할 생각에 즐겁습니다.

65. ❹ 걸리는데

🔆 tip 평일 ↔ 주말: 서로 다른 내용을 이야기합니다.
• 걸려서 (이유)
• 걸리고 (나열)
• 걸리면 (조건)
• 걸리는데 (전환)

66. ❷ 한국의 단풍은 예뻐서 유명합니다.

🔆 tip 한국의 단풍은 색이 예뻐서 사람들에게 인기가 많습니다.

[67-68] 다음을 읽고 물음에 답하십시오.

여름이 되면 다이어트를 하는 여성들이 많습니다. 그런데 다이어트를 하는 것은 정말 쉽지 않습니다. 특히 낮에 음식을 조금 먹으면 밤에 배가 고파서 힘듭니다. 이때, 고구마를 준비하면 좋습니다. 고구마를 우유와 같이 먹으면 조금만 먹어도 (㉠ 배가 부르고) 건강에도 좋습니다.

67. ❹ 배가 부르고

🔆 tip A/V-아도/어도
㉠ 비가 와도 등산을 가요.

68. ❹ 다이어트를 할 때 고구마가 도움이 됩니다.

🔆 tip 조금만 먹어도 배가 부릅니다. / 건강에 좋습니다.

[69-70] 다음을 읽고 물음에 답하십시오.

바쁜 직장인들이 집에서 음식을 하는 것은 (㉠ 귀찮은 일입니다). 시장에 가서 재료도 사야 하고 요리도 해야 합니다. 그리고 먹은 후에 설거지도 해야 합니다. 그래서 이렇게 바쁜 직장인들을 위해서 간단한 요리를 소개하고 있는 책이 인기를 얻고 있습니다.

69. ❶ 귀찮은 일입니다

　💡 **tip** 여러 가지 할 일이 많습니다. 그러니까 귀찮은 일입니다.

70. ❹ 직장인들은 간단하게 만들 수 있는 음식을 좋아합니다.

　💡 **tip** 직장인들은 바쁩니다. 그래서 간단하게 요리할 수 있는 음식을 소개하고 있는 책이 인기를 얻고 있습니다.

실전모의고사 2회

정답

듣기

1. ①	2. ①	3. ②	4. ④	5. ②
6. ③	7. ④	8. ④	9. ③	10. ③
11. ①	12. ③	13. ②	14. ④	15. ①
16. ③	17. ②	18. ①	19. ①	20. ④
21. ④	22. ③	23. ④	24. ②	25. ②
26. ③	27. ①	28. ②	29. ④	30. ④

읽기

31. ③	32. ③	33. ①	34. ③	35. ②
36. ③	37. ②	38. ③	39. ①	40. ④
41. ①	42. ④	43. ①	44. ①	45. ③
46. ③	47. ④	48. ①	49. ②	50. ④
51. ④	52. ①	53. ③	54. ④	55. ①
56. ①	57. ③	58. ②	59. ③	60. ④
61. ②	62. ③	63. ③	64. ④	65. ①
66. ④	67. ④	68. ①	69. ④	70. ④

듣기 (1번 ~ 30번)

[1-4] 다음을 듣고 보기 와 같이 물음에 맞는 대답을 고르십시오.

1. ❶

> 남자: 신발이 커요?
> 여자: 네, 신발이 커요.

대답 네, 신발이 커요.
아니요, 신발이 작아요.
아니요, 신발이 안 커요.
아니요, 신발이 크지 않아요.

tip 크다 ↔ 작다

2. ❶

> 남자: 수미 씨, 공부합시다.
> 여자: 네, 좋아요.

대답 네, 공부해요. / 네, 공부합시다. / 네, 좋아요.

3. ❷

> 남자: 지금 어디에 있어요?
> 여자: 식당에 있어요.

대답 (장소)에 있어요
tip 어디 → 장소

4. ❹

> 남자: 이거 어디에서 샀어요?
> 여자: 백화점에서 샀어요.

대답 (장소)에서 샀어요
tip (어디)에서 ∨ (사다, 먹다…)
(어디)에 가다 / 오다
(어디)에 있다 / 없다

[5-6] 다음을 듣고 보기 와 같이 이어지는 말을 고르십시오.

5. ❷

> 남자: 입학 축하해요.
> 여자: 고마워요.

tip 입학 축하해요. / 졸업 축하해요. / 생일 축하해요.

6. ❸

> 여자: 다음에 또 만나요.
> 남자: 네, 반가웠어요.

tip 또 만나요. → 헤어질 때 말합니다.

[7-10] 여기는 어디입니까? 보기와 같이 알맞은 것을 고르십시오.

7. ❹

여자: 뭘 도와드릴까요?
남자: 소포를 보내러 왔어요.

💡 **tip** 소포, 편지, 우표 → 우체국

8. ❹

남자: 1박 2일로 부산 여행을 하고 싶은데, 얼마예요?
여자: 1인에 15만 원입니다.

💡 **tip** 여행을 하고 싶습니다. 여행사에 가서 물어봅니다.

9. ❸

남자: 운동화는 몇 층에 있어요?
여자: 4층에 있습니다.

💡 **tip** 운동화를 사고 싶습니다. 백화점에 갑니다.

10. ❸

여자: 사장님, 퇴근 안 하세요?
남자: 먼저 가세요.

💡 **tip** 사장님, 퇴근하다 → 회사입니다.

[11-14] 다음은 무엇에 대해 말하고 있습니까? 보기와 같이 알맞은 것을 고르십시오.

11. ❶

남자: 아르바이트를 해 본 적이 있어요?
여자: 아니요, 안 해 봤어요.

💡 **tip** V-아/어 본 적이 있다 (경험)
   예 저는 김치를 먹어 본 적이 있습니다.

12. ❸

여자: 저는 사과를 좋아해요. 민수 씨는요?
남자: 저는 포도를 좋아해요.

💡 **tip** 사과, 포도… → 과일

13. ❷

남자: 여기 월요일에 쉬어요?
여자: 아니요, 저희는 화요일에 쉽니다.

💡 **tip** 학교에 안 갑니다. 쉽니다. → 휴일입니다.

14. ❹

여자: 민수 씨는 어디에서 태어났어요?
남자: 저는 서울에서 태어났어요.

💡 **tip** 언제 태어났습니까? → 생일
   어디에서 태어났습니까? → 고향

[15-16] 다음 대화를 듣고 알맞은 그림을 고르십시오.

15. ❶

여자: 비가 올 것 같아요. 우산 가지고 가세요.
남자: 네, 알겠어요.

💡 **tip** 집 안에서 여자가 남자에게 우산을 주면서 말합니다.

16. ❸

남자: 불고기를 만드는데 좀 도와줄래요?
여자: 네, 제가 야채를 썰게요.

💡 tip 두 사람은 요리를 하고 있습니다.

[17-21] 다음을 듣고 보기 와 같이 대화 내용과 같은
것을 고르십시오.

17. ❷ 두 사람은 같이 영화를 볼 겁니다.

여자: 곧 영화가 시작해요. 빨리 오세요.
남자: 미안해요. 10분 정도 더 걸릴 것 같아요.
먼저 들어가세요.
여자: 아니에요. 기다릴게요.

💡 tip 여자는 극장에서 남자를 기다리고 있습니다.

18. ❶ 여자는 스키를 타 본 적이 없습니다.

남자: 다음 주말에 스키 타러 갈래요?
여자: 저는 스키를 탈 줄 몰라요. 한 번도 안 타
봤어요.
남자: 그래요? 그럼 제가 가르쳐 드릴게요. 1시간만
배우면 탈 수 있어요.
여자: 정말요? 좋아요.

💡 tip 여자는 스키를 한 번도 안 타 봤어요. = 스키를 타
본 적이 없습니다. 남자는 여자에게 스키를 가르쳐
줄 겁니다.

★ V-아/어 봤다 = V-아/어 본 적이 있다 (경험)

19. ❶ 여자가 영화표를 살 겁니다.

남자: 저 영화 봤어요? 정말 재미있어요.
여자: 그래요? 저도 정말 보고 싶었는데 바빠서
아직 못 봤어요.
남자: 그럼 내일 같이 볼래요? 너무 재미있어서 저
는 또 보려고요.
여자: 정말요? 그럼 제가 표를 예매할게요.

💡 tip 여자가 영화표를 예매합니다.

20. ❹ 경복궁에 한복을 입고 가면 그냥 들어갈 수 있습니다.

남자: 경복궁에 가려고 하는데 어떻게 가는지 알
아요?
여자: 버스는 길이 막히니까 지하철로 가세요. 경
복궁역 5번 출구로 나가서 5분만 걸어가면
돼요.
남자: 네, 알겠어요. 그런데 입장료는 얼마예요?
여자: 3,000원인데 한복을 입고 가면 무료예요.

💡 tip 무료 → 돈을 내지 않습니다. = 그냥 들어갈 수 있습
니다.

21. ❹ 여자는 남자에게 한국 친구를 소개해 줄 겁니다.

남자: 한국어를 배운 지 2년이나 되었는데 아직도
한국 사람 앞에서는 말을 잘 못하겠어요.
여자: 한국 친구하고 많이 이야기하면 한국어를
더 잘할 수 있을 거예요.
남자: 그런데 한국 친구를 어떻게 사귀어야 할지
모르겠어요.
여자: 그럼 제가 소개해 줄게요. 이번 주말에 같이
만나요.

💡 tip 여자가 이번 주말에 남자에게 한국 친구를 소개해
줄 겁니다.

[22-24] 다음을 듣고 여자의 중심 생각을 고르십시오.

22. ❸ 운동을 하면서 살을 빼야 합니다.

> 여자: 민수 씨, 우리 점심 먹으러 가요.
> 남자: 저는 안 먹을래요. 지난주부터 다이어트를
> 시작했어요.
> 여자: 아무것도 안 먹으면 건강에도 안 좋아요. 운
> 동을 하면서 살을 빼세요.
> 남자: 아니에요. 빨리 살을 빼려면 운동보다 안 먹
> 는 것이 중요해요.

> 💡 tip 여자가 하고 싶은 말: 아무것도 안 먹으면 건강에 안
> 좋습니다. 운동을 하면서 살을 빼야 합니다.

23. ❹ 밤에 일하는 것은 건강에 좋지 않습니다.

> 여자: 아직까지 일하고 있어요? 빨리 자고 내일 일
> 찍 일어나서 해요.
> 남자: 아침에 일찍 일어나는 게 더 힘들어요. 그냥
> 지금 할래요.
> 여자: 늦은 시간에 일하면 건강에도 안 좋고 일도
> 잘 못 해요.
> 남자: 알았어요. 그럴게요.

> 💡 tip 여자가 하고 싶은 말: 늦은 시간에 일을 하면 건강에
> 안 좋습니다.
> ★ 늦은 시간 → 밤

24. ❷ 눈이 내리면 불편합니다.

> 남자: 와, 눈이 와요. 우리 고향에는 눈이 안 내려
> 서 눈이 오길 기다렸어요.
> 여자: 그래요? 그런데 눈이 오면 길도 미끄럽고 차
> 도 막혀서 불편해요.
> 남자: 수미 씨는 눈이 오는 게 싫어요?
> 여자: 그건 아닌데 눈이 오면 집에 가기 힘들어서요.

> 💡 tip 여자가 하고 싶은 말: 눈이 오면 길이 미끄럽고 차가
> 막힙니다. 그래서 불편합니다.
> ★ 눈이 오다 = 눈이 내리다
> 비가 오다 = 비가 내리다

[25-26] 다음을 듣고 물음에 답하십시오.

> 여자: 오늘은 어린이날입니다. 어린이날 아이들에게 가
> 장 좋은 선물은 가족과 함께 하는 시간일 것입니
> 다. 그래서 서울 공원에서는 가족 노래 자랑, 가족
> 사진 찍기, 어린이 요리 대회 등 다양한 행사를 준
> 비했습니다. 가족과 함께 서울 공원에 오셔서 즐거
> 운 시간을 보내시기 바랍니다.

25. ❷ 서울 공원의 다양한 행사 소개
> ➡ 가족 노래 자랑, 가족사진 찍기, 어린이 요리 대회
> ★ 다양한 행사 = 여러 가지 행사

26. ❸ 어린이날 가족과 함께 서울 공원에 가면 좋습니다.
> ➡ 가족과 함께 서울 공원에 가면 즐거운 시간을 보낼 수
> 있습니다.

[27-28] 다음을 듣고 물음에 답하십시오.

> 남자: 요즘 계속 피곤하고 힘이 없어요.
> 여자: 어디 아픈 거 아니에요? 얼굴이 안 좋은 것 같네
> 요. 병원에는 가 봤어요?
> 남자: 네, 아픈 곳은 없어요.
> 여자: 그럼 운동을 좀 해 보는 건 어때요? 저는 매일 아
> 침에 공원에서 운동하는데 같이 할래요? 혼자 하
> 는 것보다는 심심하지 않고 좋을 거예요.
> 남자: 그럼 그럴까요? 운동을 하면 좋아지겠죠?
> 여자: 그럼요. 그럼 내일 아침에 공원에서 만나요.

27. ❶ 두 사람이 같이 운동을 하려고
> ➡ 여자가 남자에게 말했습니다. 매일 아침에 공원에서
> 운동하는데 같이 할래요?
> 💡 tip 매일 (= 항상)
> 그럼 그럴까요? → 그럼 그렇게 할까요? (= 같이 운
> 동할까요?)

28. ❷ 여자는 항상 아침마다 운동을 합니다.
> ➡ 여자는 매일 아침에 공원에서 운동합니다.

> 여자: 한국 문화와 고향 문화가 달라서 놀란 적이 있어요.
> 남자: 어떤 게 다른데요?
> 여자: 한국 친구 집에 가서 신발을 신고 들어갔다가 놀
> 랐어요. 고향에서는 집에 들어갈 때 신발을 벗지
> 않아서요.
> 남자: 그렇군요. 또 다른 것이 있어요?
> 여자: 한국에서는 식사할 때 젓가락과 숟가락을 모두 사
> 용하지만 고향에서는 포크만 사용해요.
> 남자: 그래요? 나라마다 문화가 정말 많이 다르네요.

29. ❹ 두 나라의 서로 다른 문화
  ⤷ 한국 문화와 고향 문화가 달라서 놀란 적이 있어요.

30. ❹ 여자는 한국 문화를 몰라서 실수한 적이 있습니다.
  ⤷ 한국 친구 집에 가서 신발을 신고 들어갔다가 놀랐어
  요.

읽기 (31번 ~ 70번)

[31-33] 무엇에 대한 이야기입니까? 보기 와 같이
  알맞은 것을 고르십시오.

31. ❸

> 어제는 비가 왔습니다. 오늘은 맑고 따뜻합니다.

💡 tip 비가 오다 / 맑고 따뜻하다 → 날씨
★ 봄, 여름, 가을, 겨울 → 계절 / 선생님, 회사원 → 직업 /
1시, 2시 → 시간

32. ❸

> 저는 낚시를 좋아합니다. 동생은 독서를 좋아합
> 니다.

💡 tip 낚시, 독서 → 취미
★ 아버지, 어머니, 형, 동생 → 가족
은행, 병원, 공원 → 장소

33. ❶

> 방에는 침대가 있습니다. 책상도 있습니다.

💡 tip 침대, 책상 → 가구
★ 옷을 사요 → 쇼핑

[34-39] 보기 와 같이 (   )에 들어갈 가장 알맞은 것
  을 고르십시오.

34. ❸

> 다음 주부터 방학입니다. 그래서 친구들하고 여
> 행(을) 갈 겁니다.

💡 tip 여행을 가다 / 여행을 하다 (O)
여행에 가다 (X)
→ 여행은 장소가 아닙니다.

35. ❷

오늘 저녁에 비가 올 겁니다. 그래서 (우산)을 가지고 왔습니다.

💡 tip 비가 옵니다. 우산이 필요합니다.

36. ❸

1시간 동안 숙제를 하고 있습니다. 그런데 (아직) 다 못 했습니다.

💡 tip 아직 + 안/못 V-았/었습니다
아까 + V-았/었습니다
자주 + V-습니다/ㅂ니다
벌써 + V-았/었습니다

37. ❷

머리를 잘랐습니다. 지금은 머리가 (짧습니다).

💡 tip 머리가 깁니다. 그래서 머리를 잘랐습니다.
★ 길다 ↔ 짧다

38. ❸

옷이 큽니다. 작은 사이즈로 (교환합니다).

💡 tip 옷이 큽니다. 어떻게 합니까? 작은 옷으로 교환합니다.
★ 교환합니다 = 바꿉니다

39. ❶

음식이 싱겁습니다. 소금을 더 (넣습니다).

💡 tip 소금은 맛이 어떻습니까? 짭니다.
음식이 싱겁습니다. 어떻게 합니까? (음식에) 소금을 더 넣습니다.
★ 넣다 ⑩ 가방에 책을 넣습니다.
놓다 ⑩ 책상에 책을 놓습니다.
낳다 ⑩ 아이를 낳습니다.

[40-42] 다음을 읽고 맞지 <u>않는</u> 것을 고르십시오.

40.

❹ 도서관은 매일 이용할 수 있습니다.
⊃ 도서관은 월요일에 쉽니다. 화요일부터 일요일까지만 이용할 수 있습니다.

41.

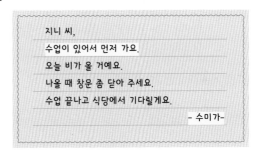

❶ 지니가 일찍 나갔습니다.
⊃ 수미 씨가 일찍 나갔습니다.

42.

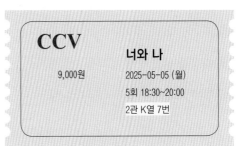

❹ 앉고 싶은 자리에 앉을 수 있습니다.
⊃ 2관 K열 7번에 앉아야 합니다. 다른 자리에 앉으면 안 됩니다.

[43-45] 다음의 내용과 같은 것을 고르십시오.

43. ❶ 저는 요즘 시험공부를 하고 있습니다.

> 다음 주에 시험이 있습니다. 그래서 매일 친구와 도서관에 갑니다. 그런데 오늘은 도서관에 자리가 없어서 그냥 집에 왔습니다.

💡 **tip** 시험공부를 하러 도서관에 갑니다.

44. ❶ 친구는 음식을 잘 만듭니다.

> 오늘 저는 친구 집들이에 가서 친구를 도와주었습니다. 저는 청소를 하고 친구는 음식을 만들었습니다. 친구가 만든 음식이 정말 맛있었습니다.

💡 **tip** 제가 친구를 도와주었습니다.
　　　친구가 만든 음식이 맛있습니다. → 친구가 음식을 잘 만듭니다.

45. ❸ 저는 어제 친구의 우산을 빌렸습니다.

> 어제 비가 왔습니다. 그런데 저는 우산을 안 가지고 갔습니다. 그래서 친구가 저에게 우산을 빌려주었습니다. 오늘 저는 친구에게 우산을 돌려주었습니다.

💡 **tip** 친구가 저에게 우산을 빌려주었습니다.
　　　= 저는 친구의 우산을 빌렸습니다.

[46-48] 다음을 읽고 중심 생각을 고르십시오.

46. ❸ 텔레비전을 볼 때 앉아서 봐야 합니다.

> 텔레비전을 볼 때 누워서 보는 사람들이 많습니다. 그런데 누워서 텔레비전을 보면 눈 건강에 좋지 않습니다. 텔레비전을 볼 때는 앉아서 보는 것이 좋습니다.

47. ❹ 직접 음식을 만들어서 먹는 것이 좋습니다.

> 저는 요즘 집에서 요리를 해서 먹습니다. 요리하기가 조금 힘들지만 밖에서 먹는 것보다 건강에 좋습니다. 그리고 돈도 적게 듭니다.

48. ❶ 저는 지금 성격을 좋아합니다.

> 어렸을 때 저는 조용한 성격이었습니다. 그래서 처음 만난 친구와 금방 친해질 수 없었습니다. 그런데 지금은 친구도 잘 사귀고 말하는 것도 좋아합니다. 저는 지금이 좋습니다.

[49-50] 다음을 읽고 물음에 답하십시오.

> 저는 지난 주말에 친구와 전주에 다녀왔습니다. 전주는 한국의 전통문화를 보고 느낄 수 있는 곳으로 (㉠ 유명합니다). 전주에는 전통 한옥이 많이 있는데 우리는 그곳에서 부채 만들기 등 다양한 것을 해 봤습니다. 그리고 저녁에는 한옥에서 잤습니다. 처음 한옥에서 자 봤는데 분위기가 참 좋았습니다. 다음에는 부모님과 함께 꼭 다시 갈 겁니다.

49. ❷ 유명합니다
　➡ N(으)로 유명하다 / A/V–기로 유명하다
　㈜ 한국은 김치로 유명합니다.
　　한국은 김치가 맛있기로 유명합니다.

50. ❹ 저는 전주에서 부채를 만들어 봤습니다.
　➡ 부채 만들기 등 다양한 것을 해 봤습니다.
　💡 **tip** V–아/어 봤다 (경험) ㈜ 한옥에서 자 봤습니다.
　★ 그곳에서 → 전주에서

[51-52] 다음을 읽고 물음에 답하십시오.

> 한글 박물관으로 오십시오. 한글 박물관에서는 한글에 대한 이야기를 들을 수 있습니다. 그리고 사진을 보면서 한글의 역사에 대해서도 (㉠ 알 수 있습니다). 또한 한글 박물관에는 한글로 다양한 놀이를 할 수 있는 곳도 있고, 기념품을 살 수 있는 가게도 있습니다.

51. ❹ 알 수 있습니다
　➡ 한글의 역사에 대해서도 알 수 있습니다.
　💡 **tip** V–을/를 수 있다 (가능)
　　　V–을/를 겁니다 (계획)
　　　V–고 싶다 (희망)

52. **①** 한글 박물관 소개
➡ 한글 박물관에 대해서 소개하고 있습니다. 한글 박물
관에서 할 수 있는 것들을 이야기하고 있습니다.

[53-54] 다음을 읽고 물음에 답하십시오.

저는 농구를 좋아합니다. (㉠ 그래서) 수업이 끝난 후
에는 자주 농구를 합니다. 농구는 두 명이 할 수도 있고
여러 명이 같이 할 수도 있어서 좋습니다. 어제도 수업이
끝나고 농구장에 갔습니다. 어제는 농구장에서 만난 한국
친구들하고 농구를 했습니다. 정말 재미있었습니다.

53. **③** 그래서
🔅 tip 농구를 좋아합니다. 그래서 자주 농구를 합니다.
농구를 좋아합니까? 그러면 저와 같이 농구합시다.
농구를 좋아합니다. 그리고 축구도 좋아합니다.
농구를 좋아합니다. 그렇지만 축구는 싫어합니다.

54. **④** 저는 어제 수업이 끝난 후에 농구를 했습니다.

[55-56] 다음을 읽고 물음에 답하십시오.

노량진 수산 시장에 가 봤습니까? 서울에 있는 노량진
수산 시장은 크고 생선의 종류도 아주 다양합니다. 여기
에 가면 값도 싸고 싱싱한 생선을 살 수 있습니다. 그리고
생선을 사서 바로 먹을 수 있는 식당도 2층에 있습니다.
이 식당에서는 찌개도 (㉠ 끓여 줍니다).

55. **①** 끓여 줍니다
★ V-아/어 주다 → A가 B에게 V-아/어 주다
V-고 있다 (진행)
V-아야/어야 하다 (의무)
V-(으)ㄹ 줄 알다 (능력)

56. **①** 노량진 수산 시장의 생선은 싸고 싱싱합니다.
➡ 노량진 수산 시장의 생선이 쌉니다. 그리고 싱싱합니다.

[57-58] 다음을 순서대로 맞게 나열한 것을 고르십시오.

57. **③** (나)-(다)-(라)-(가)

(가) 그래서 돈을 넣을 수 없었습니다.
(나) 오늘 은행에 돈을 넣으러 갔습니다.
(다) 그런데 통장을 안 가지고 갔습니다.
(라) 현금 카드도 잃어버려서 없었습니다.

🔅 tip 시작하는 말 → 언제, 무엇을 했습니까?
그래서, 그런데 → 시작하는 말이 될 수 없습니다.

58. **②** (가)-(라)-(다)-(나)

(가) 저는 매주 금요일에 시장에 갑니다.
(나) 그러면 꼭 필요한 것만 살 수 있습니다.
(다) 냉장고 안을 보고 사야 할 것을 메모합니다.
(라) 시장에 가기 전에 먼저 냉장고를 열어 봅니다.

🔅 tip 시작하는 말 → 언제 무엇을 합니까?

[59-60] 다음을 읽고 물음에 답하십시오.

우리는 집을 구할 때 보통 부동산을 이용합니다. (㉠)
그런데 요즘은 인터넷으로도 집을 구할 수 있습니다. (㉡)
인터넷을 이용하면 부동산에 가는 것보다 편리하고 다양
한 집의 가격을 한 번에 볼 수 있습니다. (㉢ 하지만 집을
구할 때 조심할 것도 있습니다.) 인터넷으로 집을 구하면
가끔 사진과 다른 것이 있으니 사진만 보고 결정하지 말
고 꼭 직접 가 보는 것이 좋습니다. (㉣)

59. **③** ㉢
➡ 인터넷으로 집을 구할 때 조심해야 하는 내용 앞에 와
야 합니다.

60. **④** 인터넷으로 집을 본 후에 꼭 가 보는 것이 좋습니다.
➡ 인터넷으로 집을 구할 때 조심해야 하는 것입니다.

[61-62] 다음을 읽고 물음에 답하십시오.

저는 어제 저녁을 먹은 후에 텔레비전에서 하는 가수의 공연을 보았습니다. 그런데 텔레비전을 보다가 깜짝 놀랐습니다. 텔레비전에 친구가 나왔기 때문입니다. 친구는 가수의 공연장에서 노래를 크게 따라 부르면서 손을 흔들고 있었습니다. 친구의 모습을 텔레비전에서 보니까 (㉠ 반갑고) 좋았습니다.

61. ❷ 반갑고

> 💡 tip 왜 놀랐습니까? 텔레비전에서 친구를 봤습니다.
> 기분이 어땠습니까? 반가웠습니다.

62. ❸ 친구는 가수의 공연을 보러 공연장에 갔습니다.

[63-64] 다음을 읽고 물음에 답하십시오.

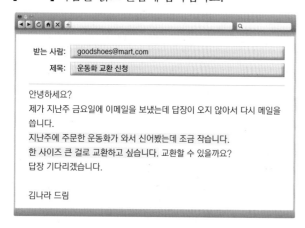

받는 사람: goodshoes@mart.com
제목: 운동화 교환 신청

안녕하세요?
제가 지난주 금요일에 이메일을 보냈는데 답장이 오지 않아서 다시 메일을 씁니다.
지난주에 주문한 운동화가 와서 신어봤는데 조금 작습니다.
한 사이즈 큰 걸로 교환하고 싶습니다. 교환할 수 있을까요?
답장 기다리겠습니다.

김나라 드림

63. ❸ 운동화 사이즈를 바꾸고 싶어서

> ➲ 한 사이즈 큰 걸로 교환하고 싶습니다.
> 💡 tip 교환하다 = 바꾸다

64. ❹ 저는 인터넷으로 운동화를 샀습니다.

> ➲ 주문한 운동화가 와서

[65-66] 다음을 읽고 물음에 답하십시오.

소금은 우리 생활에 다양하게 사용됩니다. 먼저 음식이 싱거울 때 소금을 넣습니다. 그리고 음식을 오랫동안 두고 먹고 싶을 때 사용하기도 합니다. 특히 생선 요리에 소금을 많이 사용합니다. 생선은 시간이 지나면 쉽게 맛이 (㉠ 변해서) 먹을 수 없게 되기 때문입니다. 또 채소를 씻을 때 소금을 사용하면 더 깨끗하게 씻을 수 있습니다.

65. ❶ 변해서

> ➲ 생선은 시간이 지나면 쉽게 맛이 변합니다. 그래서 먹을 수 없게 됩니다.
> ★ A/V-아서/어서 (이유)

66. ❹ 소금은 음식을 빨리 변하지 않게 합니다.

[67-68] 다음을 읽고 물음에 답하십시오.

한국은 봄, 여름, 가을, 겨울 사계절이 있습니다. 봄은 날씨가 따뜻하고 예쁜 꽃을 많이 볼 수 있습니다. 그래서 사람들은 꽃구경을 많이 갑니다. 여름은 덥지만 맛있는 과일이 많습니다. 가을은 시원하고 아름다운 단풍을 볼 수 있는 곳이 아주 많습니다. 겨울은 춥고 눈이 자주 와서 겨울 스포츠를 많이 할 수 있습니다. 한국은 각 계절의 (㉠ 모습이 매우 다양합니다).

67. ❹ 모습이 매우 다양합니다

> ➲ 한국은 사계절이 있습니다. 그래서 각 계절의 모습이 다양합니다.

68. ❶ 봄에는 꽃이 많이 핍니다.

> ➲ 꽃이 많이 핍니다. 그래서 예쁜 꽃을 많이 볼 수 있습니다.

[69-70] 다음을 읽고 물음에 답하십시오.

얼마 전에 저는 재미있는 책을 읽었습니다. 경찰관이 나쁜 사람을 잡고 착한 사람을 도와주는 내용이었습니다. 저는 (㉠ 그 책을 읽은 후에) 경찰관이 되고 싶어졌습니다. 경찰관이 되려면 공부도 열심히 해야 하고 운동도 열심히 해야 합니다. 그래서 저는 매일 운동을 하기 시작했습니다. 그리고 공부도 열심히 하고 있습니다.

69. ❹ 그 책을 읽은 후에

70. ❹ 경찰관이 되고 싶어서 운동을 시작했습니다.

실전모의고사 3회

정답

듣기

1. ①	2. ④	3. ②	4. ②	5. ③
6. ③	7. ③	8. ①	9. ③	10. ②
11. ②	12. ②	13. ①	14. ④	15. ④
16. ①	17. ①	18. ②	19. ③	20. ③
21. ②	22. ①	23. ④	24. ①	25. ②
26. ③	27. ④	28. ④	29. ②	30. ④

읽기

31. ②	32. ①	33. ②	34. ④	35. ③
36. ②	37. ①	38. ③	39. ①	40. ②
41. ②	42. ②	43. ③	44. ④	45. ②
46. ③	47. ④	48. ②	49. ①	50. ④
51. ②	52. ③	53. ③	54. ①	55. ④
56. ④	57. ③	58. ②	59. ③	60. ②
61. ③	62. ④	63. ③	64. ④	65. ①
66. ④	67. ③	68. ③	69. ②	70. ③

듣기 (1번 ~ 30번)

[1-4] 다음을 듣고 보기 와 같이 물음에 맞는 대답을 고르십시오.

1. ①

> 남자: 텔레비전을 볼까요?
> 여자: 네, 텔레비전을 봐요.

대답 네, V-(으)ㅂ시다 / 네, V-아요/어요

2. ④

> 남자: 김치를 좋아해요?
> 여자: 아니요, 김치를 좋아하지 않아요.

대답 네, V-아요/어요
아니요, 안 V-아요/어요 / 아니요, V-지 않아요

★ 좋아하다 ↔ 싫어하다

3. ②

> 남자: 지금 누구하고 있어요?
> 여자: 친구하고 있어요.

tip 누구 → 사람

4. ②

> 남자: 친구를 몇 시에 만나요?
> 여자: 세 시에 만나요.

tip 몇 시 → 시간

★ 몇 시(시간) + -에: 한 시에, 두 시에, 세 시에…

[5-6] 다음을 듣고 보기 와 같이 이어지는 말을 고르십시오.

5. ❸

> 남자: 민지 씨, 물 좀 주세요.
> 여자: 여기 있어요.

대답 여기 있어요.

6. ❸

> 여자: 궁금한 게 있는데요.
> 남자: 네, 말씀하세요.

tip 궁금하다 = 알고 싶다

[7-10] 여기는 어디입니까? 보기 와 같이 알맞은 것을 고르십시오.

7. ❸

> 여자: 민수 씨, 9번 버스 왔어요.
> 남자: 그럼 저 먼저 갈게요.

tip 버스는 정류장에서 탑니다.

★ 버스 → 정류장
기차, 지하철 → (기차, 지하철)역
비행기 → 공항
고속버스 → 터미널

8. ❶

남자: 방은 7층 701호입니다.
여자: 네, 아침 식사 시간은 몇 시예요?

💡tip 방 번호를 이야기합니다. 그리고 아침 식사를 할 수
있습니다. 호텔입니다

9. ❸

여자: 무엇을 드릴까요?
남자: 장미 한 송이 주세요.

💡tip 장미는 꽃입니다. 꽃집에서 살 수 있습니다.

10. ❷

남자: 저는 여기에 산책하러 자주 와요.
여자: 그래요? 나무도 많고 좋네요.

💡tip 여기에는 나무가 많습니다. 여기에서 산책을 합니다.
공원입니다.

[11-14] 다음은 무엇에 대해 말하고 있습니까?
보기 와 같이 알맞은 것을 고르십시오.

11. ❷

남자: 수미 씨, 이 음식 맵지요?
여자: 아니요, 안 매워요.

💡tip 맵다, 짜다, 달다, 쓰다, 시다 → 맛

12. ❷

여자: 내일 집들이를 해요. 꼭 오세요.
남자: 네, 꼭 갈게요.

💡tip (집들이, 생일 파티, 돌잔치)에 친구들을 초대합니다.

13. ❶

남자: 저는 방학 때 고향에 갈 거예요. 수미 씨는요?
여자: 저는 제주도에 갈 거예요.

💡tip V-(으)ㄹ 거예요 / V-(으)려고 하다 (계획)

14. ❹

여자: 실례지만, 은행이 어디에 있어요?
남자: 저기 마트가 보이지요? 마트 뒤에 있어요.

💡tip 앞, 뒤, 위, 아래 → 위치

[15-16] 다음 대화를 듣고 알맞은 그림을 고르십시오.

15. ❹

여자: 이 사과 얼마예요?
남자: 4개에 만 원이에요.

💡tip 여자는 사과를 사려고 합니다. 남자는 가게 주인입
니다.

16. ❶

남자: 늦어서 미안해요. 영화표 샀어요?
여자: 네, 제가 두 장 샀어요.

💡tip 남자와 여자가 극장에서 만났습니다. 여자가 영화표
를 샀습니다.

[17-21] 다음을 듣고 보기 와 같이 대화 내용과 같은 것을 고르십시오.

17. ❶ 여자는 옷을 안 살 겁니다.

> 여자: 와, 저 옷 좀 보세요. 정말 예뻐요.
> 남자: 한번 들어가서 입어 보세요.
> 여자: 아니에요, 이 가게 옷은 다 비쌀 것 같아요. 그냥 가요.

💡 tip A/V-(으)ㄹ 것 같다 (추측) → 여자는 가게의 옷이 비싸다고 생각합니다. 그래서 옷을 안 사고 가려고 합니다.

★ 그냥 가요. → 옷을 안 사고 갑니다.

18. ❷ 남자는 우체국에 갔습니다.

> 여자: 어서 오세요. 어떻게 오셨어요?
> 남자: 소포를 보내려고 왔는데요.
> 여자: 어디로 보내실 거예요?
> 남자: 베트남으로 보낼 거예요.

💡 tip 남자는 소포를 보내려고 우체국에 갔습니다.

19. ❸ 두 사람은 같이 축구를 볼 겁니다.

> 남자: 수미 씨, 내일 쉬는 날인데 뭐 해요?
> 여자: 아직 모르겠어요.
> 남자: 저는 내일 친구하고 축구 경기를 보러 가려고요. 같이 갈래요?
> 여자: 네, 좋아요. 저도 가 보고 싶어요.

💡 tip 여자도 축구 경기를 보러 가고 싶어합니다.

20. ❸ 남자는 은행이 4시에 닫는지 몰랐습니다.

> 남자: 수미 씨, 은행이 어디에 있는지 알아요?
> 여자: 네, 학생 식당 옆에 있어요. 그런데 지금은 문을 닫았을 거예요.
> 남자: 정말요? 오후 6시에 닫는 거 아니에요?
> 여자: 은행은 4시에 닫아요.

💡 tip 남자는 은행이 4시에 닫는 줄 몰랐습니다. 6시에 닫는 줄 알았습니다.

21. ❷ 여자는 휴대전화를 찾으러 왔습니다.

> 여자: 오늘 낮에 지하철에 휴대전화를 놓고 내렸어요.
> 남자: 어떤 휴대전화예요?
> 여자: 까만색이고, 휴대전화 케이스는 흰색이에요.
> 남자: 연락처를 여기에 적어 놓고 가세요. 찾으면 연락드리겠습니다.

💡 tip 여자는 휴대전화를 찾으러 왔습니다. 남자는 휴대전화를 찾으면 여자에게 연락할 겁니다.

[22-24] 다음을 듣고 여자의 중심 생각을 고르십시오.

22. ❶ 빨리 돌아와서 쉬고 싶습니다.

> 여자: 내일 부산 갈 때 어떻게 갈까요?
> 남자: 우리 차로 가요. 일 끝나고 맛있는 것도 먹고 경치가 좋은 곳도 구경해요.
> 여자: 그냥 기차로 가는 게 어때요? 출장으로 가는 건데 빨리 갔다 와서 집에서 쉬고 싶어요. 차는 길이 막힐 거예요.
> 남자: 그래요. 기차표는 제가 예매할게요.

💡 tip 여자가 하고 싶은 말: 빨리 갔다 와서 집에서 쉬고 싶어요.

★ 갔다 오다 → 돌아오다

23. ❹ 점심을 준비해 오면 다른 일도 할 수 있습니다.

> 남자: 김 대리님, 점심 식사하러 안 가세요?
> 여자: 저는 집에서 가지고 왔어요.
> 남자: 와, 아침에 요리까지 하면 힘들지 않아요?
> 여자: 그렇기는 하지만 사무실에서 먹으면 시간이 남으니까 산책도 하고 책도 읽을 수 있어서 좋아요.

💡 tip 여자가 하고 싶은 말: 사무실에서 점심을 먹습니다. 그러면 시간이 남아서 다른 일을 할 수 있어서 좋습니다.

★ 시간이 남다 ↔ 시간이 모자라다

24. ❶ 인터넷 내용을 다 믿으면 안 됩니다.

> 남자: 저기가 인터넷에서 유명한 식당이에요. 정말 사람이 많네요.
> 여자: 저기요? 제가 친구하고 가 봤는데 정말 맛이 없었어요.
> 남자: 저렇게 사람이 많은데 맛없었어요?
> 여자: 네, 예전에도 인터넷을 보고 찾아갔는데 별로였어요. 그래서 요즘은 인터넷에 나온 식당은 잘 안 가요.

> 💡tip 여자가 하고 싶은 말: 인터넷 내용을 믿지 않습니다.
>
> ★ 별로이다 → 맛이 별로 없었습니다.

[25-26] 다음을 듣고 물음에 답하십시오.

> 여자: 관객 여러분 안녕하십니까? 잠시 후 공연이 시작되겠습니다. 모두 자리에 앉아 주십시오. 공연 중에는 밖으로 나가실 수 없습니다. 화장실에 다녀오실 분은 지금 다녀오시기 바랍니다. 그리고 공연 중에는 휴대폰으로 사진을 찍거나 전화를 받으시면 안 됩니다. 휴대폰을 꺼 주시기 바랍니다. 감사합니다.

25. ❷ 공연 중 지켜야 할 것들

> 💡tip V–(으)면 안 되다 / V–아/어 주십시오: –지켜야 하는 것들입니다.
>
> 예 박물관에서 사진을 찍으면 안 됩니다.
> 극장에서는 휴대폰을 꺼 주십시오.

26. ❸ 공연 중에는 휴대폰을 꺼 놓아야 합니다.

[27-28] 다음을 듣고 물음에 답하십시오.

> 여자: 민수 씨, 제가 금요일에 이사를 하는데 좀 도와줄 수 있어요?
> 남자: 그럼요, 당연히 도와줘야지요. 그런데 왜 이사를 해요?
> 여자: 기숙사에 사니까 좀 불편해서요.
> 남자: 뭐가 불편해요?
> 여자: 저는 밤에 음악 듣는 것을 좋아하는데 룸메이트가 있으니까 좀 불편해요. 그리고 부엌도 같이 사용하니까 불편하고요.
> 남자: 그렇군요. 금요일에 제가 아침 일찍 기숙사로 갈게요.

27. ❹ 기숙사 생활이 불편해서

> ➡ 기숙사에 사니까 좀 불편해서요.
>
> 💡tip 기숙사에 살다 → 기숙사에서 생활하다

28. ❹ 남자는 여자가 이사하는 것을 도와줄 겁니다.

> ➡ 여자가 이사를 합니다. 남자가 여자를 도와줄 겁니다.

[29-30] 다음을 듣고 물음에 답하십시오.

> 여자: 어서 오세요. 뭘 찾으세요?
> 남자: 어제 이 바지를 샀는데, 집에 가서 보니까 바지에 얼룩이 있어서요.
> 여자: 아, 그래요? 죄송합니다. 고객님, 새 것으로 바꿔 드리겠습니다. 잠시만 기다려 주세요.
>
> • • • •
>
> 여자: 고객님, 같은 색깔의 바지가 없는데 다른 색도 괜찮으시겠어요?
> 남자: 무슨 색이 있는데요?
> 여자: 검은색, 흰색이 있는데, 어떤 것으로 바꿔드릴까요?
> 남자: 다른 색은 마음에 안 들어요. 그냥 환불해 주세요.

29. ❷ 바지에 얼룩이 있어서

> ➡ 바지에 얼룩이 있습니다. 그래서 바지를 바꾸려고 합니다.
>
> 💡tip 바꾸다 (= 교환하다)

30. ❹ 남자는 마음에 드는 색이 없어서 환불했습니다.

> 💡tip 환불하다 → 돈으로 다시 받다

[31-33] 무엇에 대한 이야기입니까? 보기와 같이 알맞은 것을 고르십시오.

31. ❷

> 커피 한 잔에 오천 원입니다. 케이크는 삼천 원입니다.

> 💡 tip 오천 원, 삼천 원 → 가격 (= 값)

32. ❶

> 이모가 두 분 계십니다. 조카도 있습니다.

> 💡 tip 이모, 조카 → 친척

33. ❷

> 저는 8월 5일에 태어났습니다. 그날 선물을 많이 받습니다.

> 💡 tip 태어나다 → 생일

[34-39] 보기와 같이 (　　) 에 들어갈 가장 알맞은 것을 고르십시오.

34. ❹

> 카메라가 없습니다. 휴대폰(으로) 사진을 찍습니다.

> 💡 tip N(으)로 V
>
> 　예 지하철로 학교에 갑니다.
> 　　숟가락으로 밥을 먹습니다.

35. ❸

> 주말에 차가 많습니다. 길이 많이 (막힙니다).

> 💡 tip 차가 많습니다. → 복잡합니다 = 길이 막힙니다.

36. ❷

> 오늘 장학금을 받았습니다. 그래서 기분이 (좋습니다).

> 💡 tip 장학금을 받았습니다. 좋은 일입니다. 기분이 좋습니다.
> ★ 한국에 혼자 있습니다. 외롭습니다.
> 　친구와 싸웠습니다. 기분이 나쁩니다.

37. ❶

> 저는 모자를 좋아합니다. (자주) 모자를 씁니다.

> 💡 tip 모자를 좋아합니다. 자주 모자를 씁니다.
> ★ 모자를 안 좋아합니다. 모자를 안 씁니다. / 가끔 모자를 씁니다.

38. ❸

> 편지를 보내려고 합니다. 편지 봉투에 (우표)를 붙입니다.

> 💡 tip 편지를 보낼 겁니다. 우표가 필요합니다. 봉투에 우표를 붙입니다.
> ★ 붙이다: 우표, 사진, 종이
> 　부치다 (= 보내다): 소포, 택배, 편지

39. ❶

> 한국 문화에 관심이 (많습니다). 그래서 지금 한국에서 공부하고 있습니다.

> 💡 tip 관심이 많습니다.
> 　관심이 있습니다.

[40-42] 다음을 읽고 맞지 않는 것을 고르십시오.

40.

> **한국분식**
>
> 떡볶이(2인분) ·············· 5,000원
> 불고기 ···························· 8,000원
> 김밥 ······························· 3,000원
> 라면 ······························· 2,500원
>
> ※ 영업시간: 09:00~20:00
> ※ 배달은 10,000원 이상 주문하셔야 합니다.

❷ 오후 9시에도 주문할 수 있습니다.

➡ 오전 9시~오후 8시까지 주문할 수 있습니다.
오후 9시에는 주문할 수 없습니다.

★ 10,000원 이상 → 10,000원부터 배달시킬 수 있습니다.

41.

> **김치 교실**
>
> • 장소: 한국 빌딩 5층
> • 일시: 10월 30일 09:00~13:00
> • 참가비: 무료
> • 수업이 끝나고 점심을 드립니다.
> • 김치는 집에 가지고 갈 수 있습니다.

❷ 만든 김치는 못 가지고 갑니다.

➡ 만든 김치는 집에 가지고 갈 수 있습니다.

💡 tip 가지고 가다 = 가져가다

★ V-고 (= N 후에)
  예 수업이 끝나고 같이 점심을 먹습니다.

42.

> **❷호선 갈아타는 곳**
>
> ← 시청·신촌 방면   성수·잠실 방면 →

❷ 2번 출구로 나가야 합니다.

➡ 지하철 2호선으로 갈아타는 장소 안내입니다.

[43-45] 다음의 내용과 같은 것을 고르십시오.

43. ❸ 저는 수리 센터에서 컴퓨터를 고쳤습니다.

> 저는 지난주에 컴퓨터를 샀습니다. 그런데 컴퓨터가 고장이 나서 수리 센터에서 컴퓨터를 고쳤습니다.

💡 tip 수리 센터 → 컴퓨터를 고쳐주는 곳
★ 고치다 = 수리하다

44. ❹ 저는 부모님을 보러 고향에 갈 겁니다.

> 저는 이번 주말에 친구와 명동에 가서 쇼핑하기로 했습니다. 그런데 부모님이 아프셔서 오늘 고향에 가야 합니다. 그래서 친구를 못 만납니다.

💡 tip V-기로 하다 (약속)
  이 사람은 부모님을 보러 고향에 가야 합니다. 그래서 친구와의 약속을 지키지 못합니다.
★ 약속을 지키다 ↔ 약속을 어기다

45. ❷ 저는 산 위에서 경치를 구경했습니다.

> 저는 어제 혼자 등산을 했습니다. 등산을 하다가 너무 힘들어서 내려오고 싶었습니다. 하지만 끝까지 올라가니까 기분이 좋았습니다. 경치도 아름다웠습니다.

💡 tip 산 위의 경치가 아름다웠습니다. → 산 위에서 경치를 구경했습니다.

[46-48] 다음을 읽고 중심 생각을 고르십시오.

46. ❸ 동생에게 많이 미안합니다.

> 어제는 동생 생일이었습니다. 고향에서는 매년 생일에 가족들이 모여서 밥을 먹습니다. 그런데 올해는 한국에 있어서 못 갔습니다. 선물도 보내지 못했습니다. 마음이 아픕니다.

47. ❹ 외출할 때 마스크를 꼭 써야 합니다.

> 요즘 공기가 많이 안 좋아서 밖에 나갈 때 마스크를 써야 합니다. 그런데 불편해서 마스크를 안 쓰는 사람이 있습니다. 마스크를 안 쓰면 목이 아플 수 있습니다.

💡 tip 밖에 나갈 때 = 외출할 때

48. ❷ 콘서트에 갈 수 있어서 기쁩니다.

> 다음 달에 좋아하는 가수의 콘서트가 있는데 표를 못 사서 저는 너무 슬펐습니다. 그런데 친구가 콘서트 표를 사 줬습니다. 기분이 너무 좋습니다.

💡 tip 친구가 콘서트 표를 사 줬습니다. 그래서 콘서트에 갈 수 있습니다. 기분이 좋습니다.

[49-50] 다음을 읽고 물음에 답하십시오.

> 요즘 낮에는 덥고, 아침과 저녁에는 쌀쌀해서 (㉠ 외출할 때) 어떤 옷을 입을지 고민이 됩니다. 긴 팔 옷을 입고 나가면 낮에는 덥고, 반 팔 옷을 입고 나가면 아침에 춥기 때문입니다. 그래서 요즘 같은 날씨에는 감기에 걸리기도 쉬운 것 같습니다.

49. ❶ 외출할 때

💡 tip 외출할 때 어떤 옷을 입을지 생각합니다.

50. ❹ 요즘 기온차가 커서 옷 입기가 좀 힘듭니다.

💡 tip 아침과 저녁에는 쌀쌀합니다. 낮에는 덥습니다. 기온차가 큽니다.

[51-52] 다음을 읽고 물음에 답하십시오.

> 여행을 갈 때는 이것저것 가져가야 할 것이 많습니다. 옷, 신발, 충전기, 카메라 등 필요한 것이 많습니다. 그렇지만 짐이 무거우면 여행의 즐거운 기분을 느끼기가 어렵습니다. 그래서 가능하면 간단하게 가져가는 것이 좋습니다. (㉠ 짐이 가벼우면) 더 즐겁고 재미있는 여행을 할 수 있습니다.

51. ❷ 짐이 가벼우면

💡 tip 여행할 때 짐은 조금만 가져가는 것이 좋습니다.
= 짐이 가벼우면 좋습니다.
★ 무겁다 ↔ 가볍다

52. ❸ 즐거운 여행을 하는 방법

[53-54] 다음을 읽고 물음에 답하십시오.

> 저는 한국에 온 지 1년이 되었습니다. 지금은 한국 생활에 많이 (㉠ 익숙해져서) 한국 생활이 아주 재미있습니다. 하지만 가족이 보고 싶을 때는 좀 힘듭니다. 그럴 때는 한국에 있는 고향 친구들과 함께 고향 음식을 먹으면서 고향 말로 이야기를 합니다. 그러면 기분이 좋아집니다.

53. ❸ 익숙해져서
➲ N에 익숙해지다
: 한국 생활에/한국 음식에/한국 날씨에 익숙해지다

54. ❶ 가끔 가족이 그리울 때가 있습니다.
💡 tip 보고 싶다 = 그립다

[55-56] 다음을 읽고 물음에 답하십시오.

독도는 한국에서 가장 동쪽에 있는 작은 섬입니다. 독도에 가려면 울릉도라는 섬에서 배를 타야 합니다. 그런데 울릉도에서 배를 타고 독도에 갔지만 비가 오면 배에서 내리지 못합니다. (㉠ 그러면) 바다에서 섬만 보고 돌아와야 합니다. 왜냐하면 독도는 날씨가 아주 좋은 날에만 배에서 내릴 수 있기 때문입니다.

55. ❹ 그러면

    ◑ 배에서 내리지 못하면 바다에서 섬만 보고 돌아와야 합니다.

    💡 tip 그러면 → A/V-(으)면

          예 날씨가 좋습니다. (그러면) 등산을 갑니다.
            = 날씨가 좋으면 등산을 갑니다.

56. ❹ 날씨가 안 좋으면 배에서 독도를 봐야 합니다.

    ◑ 비가 와도 배를 탈 수 있습니다. 그런데 배에서 내리지 못 합니다. 배에서 독도를 봐야 합니다.

[57-58] 다음을 순서대로 맞게 나열한 것을 고르십시오.

57. ❸ (다)-(가)-(나)-(라)

    (가) 먼저 큰 그릇에 밥을 담습니다.
    (나) 그 위에 여러 가지 나물을 놓습니다.
    (다) 비빔밥 만드는 것은 어렵지 않습니다.
    (라) 마지막으로 참기름과 고추장을 넣고 비비면 됩니다.

    💡 tip 시작하는 말 → 비빔밥은 어떻게 만들까요?
           (순서) 먼저 → 그 위에 → 마지막으로

58. ❷ (가)-(나)-(라)-(다)

    (가) 다음 주부터 여름휴가입니다.
    (나) 그래서 가족과 함께 해외여행을 가려고 합니다.
    (다) 여행 가서 가족들과 즐거운 시간을 보낼 겁니다.
    (라) 비행기 표도 예매해야 하고, 호텔도 예약해야 합니다.

    💡 tip 시작하는 말 → 언제 무엇을 합니까?
           해외여행 (계획) → 비행기 표 예매, 호텔 (준비) →
           여행 가서~ (생각)

[59-60] 다음을 읽고 물음에 답하십시오.

우리 가족은 지난주에 할머니, 할아버지와 함께 바다로 여행을 다녀왔습니다. (㉠) 낮에는 바다에서 수영을 하면서 즐거운 시간을 보냈습니다. (㉡) 저녁에는 함께 맛있는 음식을 먹고 바닷가에서 산책도 했습니다. (㉢ 저녁 때 보는 바다의 모습은 정말 아름다웠습니다.) 우리는 바다를 보며 소원을 빌었습니다. 할머니, 할아버지와 함께한 여행은 정말 기억에 남을 것 같습니다. (㉣)

59. ❸ ㉢

    💡 tip 저녁에 무엇을 했습니까?
           바닷가에서 산책했습니다.
           저녁 때 보는 바다의 모습은 정말 아름다웠습니다.
           바다를 보며 소원을 빌었습니다.

60. ❷ 바다에서 수영도 하고 소원도 빌었습니다.

[61-62] 다음을 읽고 물음에 답하십시오.

경복궁은 매년 봄과 가을에만 밤에 구경할 수 있습니다. 이때 경복궁에 가면 경복궁의 야경을 즐길 수 있어서 관광객들에게 (㉠ 인기가) 아주 많습니다. 이번 가을에는 9월 10일부터 10월 10일까지 한 달 동안 저녁 7시부터 10시까지 경복궁을 구경할 수 있습니다. 하지만 하루에 60명만 입장할 수 있고 표는 인터넷으로 미리 예매를 해야 합니다.

61. ❸ 인기가

    💡 tip N에게 인기가 많습니다. → 관광객들이 아주 좋아합니다.

    ★ 기억에 남다 / 걱정이 되다 / 도움이 되다

62. ❹ 경복궁의 야경은 하루에 60명만 볼 수 있습니다.

    ◑ 하루에 60명만 입장할 수 있습니다.

[63-64] 다음을 읽고 물음에 답하십시오.

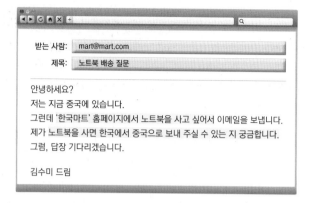

63. ❹ 노트북을 사면 해외로 보내 주는지 알아보려고

💡 **tip** 이 사람은 무엇이 궁금합니까?
노트북을 중국까지 배송해 주는지 알고 싶습니다.

★ 궁금하다 = 알고 싶다

64. ❹ 저는 인터넷으로 한국의 물건을 사려고 합니다.

[65-66] 다음을 읽고 물음에 답하십시오.

겨울에 사람들은 따뜻한 차를 많이 마십니다. 추운 겨울에 차 한 잔을 마시면 몸이 따뜻해져서 좋기 때문입니다. 겨울에 특히 인기 있는 차는 대추차입니다. 대추차는 목 건강에 (㉠ 좋고) 몸을 따뜻하게 만들어 주기 때문에 많은 사람들이 좋아합니다.

65. ❶ 좋고

💡 **tip** A/V-고 A/V (= A/V 그리고 A/V)
대추차는 목 건강에 좋습니다. 그리고 몸을 따뜻하게 만들어 줍니다.

★ A/V-아서/어서 (이유)
A/V-거나 (선택)
A/V-(으)ㄴ데/는데 (전환)

66. ❹ 대추차는 날씨가 추울 때 많이 마십니다.
➡ 겨울에 인기가 있습니다.

[67-68] 다음을 읽고 물음에 답하십시오.

한국에서는 결혼식을 할 때 특별한 행사를 합니다. 결혼식이 다 끝난 후에 부모님과 친척들만 모여서 하는 이 행사를 '폐백'이라고 합니다. 이때 부모님과 친척들은 신랑과 신부에게 여러 가지 좋은 이야기를 해줍니다. 그 (㉠ 말은 다양하지만) 신랑과 신부의 결혼을 축하하는 마음은 모두 같습니다.

67. ❸ 말은 다양하지만

💡 **tip** 여러 가지 → 다양한

68. ❸ 폐백은 부모님과 친척들만 오는 행사입니다.

[69-70] 다음을 읽고 물음에 답하십시오.

몇 달 전, 저는 우리 집 앞에서 지갑을 주웠습니다. 그 지갑에는 외국인 등록증과 가족사진이 들어 있었습니다. 저는 친구와 약속이 있어서 빨리 가야 했습니다. 그래서 그냥 가고 싶었지만 지갑을 가지고 바로 경찰서에 갔습니다. 경찰관은 저에게 잘 한 일이라고 칭찬을 했습니다. 친구와의 약속을 지키지 못해 친구에게 (㉠ 미안했지만) 다른 사람을 도와 줄 수 있어서 기뻤습니다.

69. ❷ 미안했지만
➡ 친구에게 미안했습니다. 그렇지만 다른 사람을 도와줄 수 있어서 기뻤습니다.

★ 그렇지만 (= A/V-지만)

70. ❸ 저는 마음을 바꿔 경찰서로 갔습니다.

실전모의고사 4회

정답

듣기

1. ②	2. ②	3. ①	4. ④	5. ③
6. ②	7. ①	8. ②	9. ③	10. ①
11. ①	12. ③	13. ②	14. ①	15. ④
16. ②	17. ②	18. ④	19. ①	20. ④
21. ③	22. ④	23. ④	24. ③	25. ②
26. ④	27. ③	28. ④	29. ③	30. ④

읽기

31. ③	32. ①	33. ④	34. ②	35. ①
36. ②	37. ④	38. ②	39. ④	40. ②
41. ①	42. ②	43. ④	44. ③	45. ③
46. ③	47. ②	48. ③	49. ①	50. ④
51. ③	52. ②	53. ③	54. ④	55. ④
56. ④	57. ④	58. ④	59. ②	60. ③
61. ②	62. ③	63. ④	64. ②	65. ①
66. ③	67. ④	68. ④	69. ③	70. ④

듣기 (1번 ~ 30번)

[1-4] 다음을 듣고 보기 와 같이 물음에 맞는 대답을 고르십시오.

1. ❷

> 남자: 내일 일찍 오세요.
> 여자: 네, 일찍 올게요.

대답 네, V-(으)ㄹ게요. / 네, V-겠습니다

2. ❷

> 남자: 한국 사람이 아니에요?
> 여자: 네, 한국 사람이 아니에요.

대답 네, N이/가 아니에요
아니요, N이에요/예요

3. ❶

> 남자: 어디에 전화해요?
> 여자: 사무실에 전화해요.

tip N(장소)에 예 어디에 전화해요?
N(사람)에게 예 누구에게 전화해요?

4. ❹

> 남자: 이 음식은 어떻게 먹어요?
> 여자: 젓가락으로 먹어요.

대답 N(으)로 먹어요
tip 어떻게 V-아요/어요? ─┐
예 어떻게 써요? ├─→ 방법
어떻게 만들어요? ─┘

[5-6] 다음을 듣고 보기 와 같이 이어지는 말을 고르십시오.

5. ❸

> 남자: 오랜만이에요.
> 여자: 네, 잘 지냈어요?

대답 네, 반가워요. / 네, 잘 지냈어요?

6. ❷

> 여자: 노래를 아주 잘하네요.
> 남자: 아니에요.

tip 여자가 칭찬을 합니다. 칭찬을 들으면 보통 '아니에요'라고 말합니다.
★ 미안해요. → 괜찮아요.
고마워요 → 아니에요.

[7-10] 여기는 어디입니까? [보기]와 같이 알맞은 것을
고르십시오.

7. ❶

> 여자: 이 책 주세요.
> 남자: 네, 만 원입니다.

💡 tip 여자는 책을 삽니다. 서점입니다.

8. ❷

> 여자: 학생 식당이 어디에 있어요?
> 남자: 도서관 옆에 있어요.

💡 tip 학생 식당과 도서관이 있습니다. 학교입니다.

9. ❸

> 여자: 어떻게 오셨어요?
> 남자: 배가 아파서 왔어요.

💡 tip 배가 아픕니다. 병원에 갑니다.

10. ❶

> 남자: 그림을 보러 온 사람이 정말 많네요.
> 여자: 이 화가가 유명해서 그래요.

💡 tip 그림을 보러 갑니다. 미술관에 갑니다.

[11-14] 다음은 무엇에 대해 말하고 있습니까?
[보기]와 같이 알맞은 것을 고르십시오.

11. ❶

> 남자: 버스를 탈까요? 지하철을 탈까요?
> 여자: 지하철을 타요.

💡 tip 버스, 지하철 모두 교통수단입니다.

12. ❸

> 여자: 여기요, 비빔밥 두 그릇 주세요.
> 남자: 네, 잠깐만 기다리세요.

💡 tip 여기는 식당입니다. 비빔밥을 주문합니다.
★ 주문: N(음식) 주세요

13. ❷

> 남자: 이번 여름에는 제주도에서 보내려고 해요.
> 여자: 저는 가족들과 같이 부산에 가기로 했어요.

💡 tip 여름에 휴가를 갑니다.
★ 휴가: (회사) 쉽니다

14. ❶

> 여자: 여기는 제 동생이에요.
> 남자: 만나서 반가워요.

💡 tip 여자는 남자에게 동생을 소개합니다.

[15-16] 다음 대화를 듣고 알맞은 그림을 고르십시오.

15. ❹

> 여자: 누가 스티븐 씨예요?
> 남자: 저기 문 앞에 가방을 메고 서 있는 친구예요.

💡 tip 스티븐 씨는 문 앞에 있습니다.
★ 가방을 메다

16. ❷

남자: 미선 씨, 일어나지 마세요. 누워 있어요.
여자: 괜찮아요. 내일 퇴원할 거예요.

💡 tip 남자가 병원에 병문안을 왔습니다. 여자는 침대에 앉아있습니다.

[17-21] 다음을 듣고 보기 와 같이 대화 내용과 같은 것을 고르십시오.

17. ❷ 여자는 차에서 내릴 겁니다.

여자: 길이 많이 막히네요.
남자: 앞에서 사고가 난 것 같아요.
여자: 그럼 저 여기에서 내려주세요.

💡 tip 내리다 → 차에서 내립니다.

18. ❹ 남자는 여자를 집들이에 초대했습니다.

남자: 토요일에 집들이를 하려고 하는데 올 수 있어요?
여자: 그래요? 그럼 가야지요. 그런데 몇 시까지 가면 돼요?
남자: 오후 5시쯤 오면 돼요.
여자: 어떡하죠? 그날 제가 일이 있어서 30분쯤 늦을 것 같아요.

💡 tip 남자는 여자를 집들이에 초대하고 있습니다.

19. ❶ 남자는 다시 전화를 할 겁니다.

남자: 여보세요? 수미 씨 휴대전화지요?
여자: 네, 그런데 수미 씨가 휴대폰을 두고 나갔어요. 누구시라고 전해 드릴까요?
남자: 아, 그럼 이따가 제가 다시 전화 걸겠습니다.
여자: 네, 알겠습니다.

💡 tip 수미 씨는 휴대전화를 안 가지고 나갔습니다. 수미의 친구가 전화를 받았습니다. 남자는 전화를 다시 할 겁니다.
★ 전화를 걸다 = 전화를 하다

20. ❹ 여자는 매운 음식을 못 먹습니다.

여자: 민수 씨, 점심에 뭘 먹을까요?
남자: 떡볶이 어때요? 집 근처에 맛있는 떡볶이 집이 생겼어요.
여자: 저는 떡볶이는 매워서 못 먹어요. 피자 어때요?
남자: 그래요. 그럼 우리 피자 먹어요.

💡 tip 떡볶이는 맵습니다. 여자는 매운 음식을 못 먹습니다.

21. ❸ 여자는 회사일 때문에 스트레스를 받습니다.

여자: 영수 씨는 스트레스 받는 일 없어요?
남자: 왜 없어요? 많지요. 저는 스트레스를 받으면 운동을 하거나 노래를 해요. 그럼 스트레스가 풀려요. 그런데 무슨 일 있어요?
여자: 요즘 회사일이 너무 힘들어서요.
남자: 그럼 미선 씨도 퇴근 후에 운동을 한번 해 보세요. 운동을 하면 스트레스도 풀 수 있고 건강에도 좋아요.

💡 tip 여자는 회사 일 때문에 힘듭니다.
★ N 때문에 (이유)

[22-24] 다음을 듣고 여자의 중심 생각을 고르십시오.

22. ❹ 등산은 힘지만 좋은 점이 많습니다.

> 여자: 이번 주말에 등산 어때요? 요즘 꽃이 피어서 정말 예쁠 거예요.
> 남자: 저는 산을 별로 안 좋아해요. 등산은 힘들고 재미없어요.
> 여자: 산에 올라가기는 힘들지만 산 위에 가면 공기도 좋고 꽃도 구경할 수 있어서 좋아요.
> 남자: 그럼 같이 가요.

> 💡 **tip** 여자가 하고 싶은 말: 등산은 힘지만 산 위에 올라가면 좋은 점이 많습니다.
>
> ★ 좋은 점: 공기도 좋고, 꽃도 구경할 수 있습니다.

23. ❹ 메모를 하면 할 일을 잊어버리지 않습니다.

> 남자: 요즘 계속 할 일을 잊어버려서 큰일이에요.
> 여자: 저도 전에는 자주 잊어버렸는데 지금은 아침마다 할 일을 메모하니까 실수가 줄었어요.
> 남자: 정말요? 그런데 아침에 할 일이 많은데 메모할 시간이 있어요?
> 여자: 그럼요. 다른 사람보다 일찍 출근하면 할 수 있어요.

> 💡 **tip** 여자가 하고 싶은 말: 메모를 했습니다. → 실수가 줄었습니다.

24. ❸ 경치는 사진보다 직접 보는 게 좋습니다.

> 남자: 와, 이 사진 좀 보세요. 정말 잘 찍었죠?
> 여자: 이제 사진 그만 찍고 저기 경치 좀 보세요.
> 남자: 그런데 사진을 안 찍으면 나중에 다시 볼 수 없어요.
> 여자: 경치는 직접 눈으로 보는 게 훨씬 더 아름다워요.

> 💡 **tip** 여자가 하고 싶은 말: 경치는 사진보다 직접 보는 것이 아름답습니다.

[25-26] 다음을 듣고 물음에 답하십시오.

> 여자: 오늘은 저의 꿈에 대해서 이야기하겠습니다. 저는 어렸을 때부터 의사가 되고 싶었습니다. 사람들은 의사가 멋있는 직업이라고 생각하지만 사실 의사는 아주 힘든 직업입니다. 하지만 저는 일이 힘들어도 아픈 사람들을 치료하는 의사가 되어 열심히 일을 하고 싶습니다. 그래서 사람들에게 꼭 필요한 의사가 될 것입니다.

25. ❷ 되고 싶은 직업에 대해서

> 💡 **tip** 꿈 → 미래에 하고 싶은 일
>
> ★ N(직업)이/가 되다
>   예 경찰관이 되고 싶습니다.
>   선생님이 되었습니다.

26. ❹ 저는 아픈 사람들에게 도움이 되고 싶습니다.

[27-28] 다음을 듣고 물음에 답하십시오.

> 남자: 김 박사님, 안녕하세요? 여름에는 날씨가 더워서 운동을 하기 힘든데요. 어떻게 하면 건강하게 운동을 할 수 있을까요?
> 여자: 여름에는 낮에 날씨가 덥기 때문에 아침이나 저녁에 운동을 하시는 것이 좋습니다.
> 남자: 아, 그렇군요.
> 여자: 그리고 운동 시간은 30분~1시간 정도로 짧게 하시고, 가벼운 운동을 하시는 것이 좋습니다. 그리고 운동을 하면서 물을 자주 마셔야 합니다.
> 남자: 네, 좋은 말씀 감사합니다.

27. ❸ 여름철 건강한 운동법
> ◐ 여름에는 어떻게 하면 건강하게 운동을 할 수 있을까요?   방법

28. ❹ 여름에는 운동 시간을 짧게 해야 합니다.
> ◐ 운동 시간은 30분~1시간 정도로 짧게

[29-30] 다음을 듣고 물음에 답하십시오.

> 여자: 한국 요리를 할 줄 알아요?
> 남자: 네, 조금 할 줄 알아요. 한국 친구한테서 몇 가지를 배웠어요. 얼마 전에 김치찌개 끓이는 것을 배웠는데 어렵지 않았어요.
> 여자: 그래요? 그럼, 저도 가르쳐 주세요. 이번 방학에 고향에 가서 가족들에게 한국 음식을 해 주고 싶어요.
> 남자: 우선 물부터 끓이세요. 그 다음에 김치와 돼지고기를 작게 썰어서 넣으세요.
> 여자: 그 다음에는 어떻게 해요?
> 남자: 조금 끓인 후에 맛을 보고 소금을 넣으면 돼요. 어때요? 간단하지요?

29. ❸ 가족들에게 만들어 주려고

30. ❹ 남자는 여자에게 김치찌개 끓이는 법을 알려 주었습니다.

> 💡 tip 가르쳐 주세요 = 알려 주세요 = 말해 주세요
> 예 명동에 어떻게 가는지 가르쳐 주세요.
> 가르치다 ↔ 배우다
> 예 저는 고향에서 한국어를 가르치고 싶습니다.

읽기 (31번 ~ 70번)

[31-33] 무엇에 대한 이야기입니까? 보기 와 같이 알맞은 것을 고르십시오.

31. ❸

봄에는 꽃이 핍니다. 가을에는 단풍이 듭니다.

> 💡 tip 봄, 가을 → 계절

32. ❶

수미는 옷을 삽니다. 민수는 신발을 삽니다.

> 💡 tip 옷을 삽니다. 신발을 삽니다. → 쇼핑을 합니다.

33. ❹

오늘 친구가 고향에 돌아갔습니다. 슬픕니다.

> 💡 tip 슬픕니다 → 기분
> ★ 기분: 기쁩니다 / 슬픕니다 / 좋습니다 / 나쁩니다

[34-39] 보기 와 같이 (   )에 들어갈 가장 알맞은 것을 고르십시오.

34. ❷

(공항)에 갑니다. 비행기를 탑니다.

> 💡 tip 공항에서 비행기를 탑니다.

35. ❶

영화를 봅니다. 영화(가) 재미있습니다.

> 💡 tip N이/가 A 예 영화가 재미있습니다.
> N을/를 V 예 영화를 봅니다.

36. ❷

(먼저) 야채를 씻습니다. 그 다음에 야채를 썹
니다.

💡 tip 순서: 먼저(우선) → 그 다음에

37. ❹

어제 방 청소를 했습니다. 방이 정말 (깨끗합니다).

💡 tip 청소를 했습니다. 방이 깨끗합니다

38. ❷

늦게 일어났습니다. 학교에 (지각했습니다).

💡 tip 학교에 늦게 갔습니다. → 지각했습니다

39. ❹

컴퓨터가 안 켜집니다. 컴퓨터가 (고장났습니다).

💡 tip 컴퓨터에 문제가 있습니다. → 컴퓨터가 고장났습
니다.

[40-42] 다음을 읽고 맞지 <u>않는</u> 것을 고르십시오.

40.

봄꽃 축제
아름다운 음악과 함께 하는 축제

장소: 여의도 한강공원
일시: 4월 9일 ~ 4월 16일

★ 봄꽃 축제에 오시면 100분에게 작은 선물을 드립니다.

❷ 축제에 가면 모두 선물을 받습니다.
➲ 100명만 선물을 받을 수 있습니다.

41.

월요일	화요일	수요일	목요일	금요일	토요일	일요일
☀	🌧	☀	☀	☀	☁	❄
6℃	1℃	3℃	0℃	2℃	-2℃	-8℃

❶ 토요일에 날씨가 좋습니다.
➲ 토요일에는 날씨가 흐립니다.

42.

월	수미와 약속 (도서관, 오전 10시)
화	시험
수	시험
목	쇼핑 (선물)
금	민수 생일 파티 (학교)
토	방 청소

❷ 토요일에 밖에 나갈 겁니다.
➲ 토요일에는 집에서 방 청소를 할 겁니다.
★ 하루, 이틀, 사흘, 나흘

[43-45] 다음의 내용과 같은 것을 고르십시오.

43. ❹ 저는 일주일에 두 번 기타를 배웁니다.

요즘 저는 월요일과 화요일에 기타를 배우러 갑니
다. 아직 잘 못 치지만 기타를 치면 기분이 좋습니
다. 열심히 연습해서 친구들 앞에서 치고 싶습니다.

💡 tip 월요일과 화요일에 기타를 배웁니다.
→ 일주일에 두 번

44. ❸ 친구와 저는 고향이 다릅니다.

저는 친구와 고향 음식을 만들었습니다. 친구는
중국 음식을 만들고 저는 베트남 음식을 만들었습
니다. 우리는 점심을 다 먹은 후에 집에서 영화도
봤습니다.

💡 tip 고향 음식을 만들었습니다. 친구는 중국 사람, 이 사
람은 베트남 사람입니다. 두 사람은 고향이 다릅니다.

45. ❸ 저는 신분증을 안 가지고 갔습니다.

> 저는 통장을 만들러 은행에 갔습니다. 그런데 외국인 등록증을 안 가지고 갔습니다. 그래서 통장을 못 만들고 그냥 집에 와야 했습니다.

💡 **tip** 외국인 등록증 → 신분증

[46-48] 다음을 읽고 중심 생각을 고르십시오.

46. ❸ 명절에는 가족과 함께 보냅니다.

> 추석은 한국의 큰 명절 중의 하나입니다. 그래서 오늘부터 사흘 동안 연휴입니다. 명절에는 가족들이 모이기 때문에 추석에 고향에 내려가는 사람들이 많습니다.

💡 **tip** 사람들은 명절을 가족과 함께 보내려고 고향에 내려갑니다.

47. ❷ 나쁜 휴대폰 사용 습관은 고쳐야 합니다.

> 휴대폰을 너무 오랜 시간 보면 눈 건강에 좋지 않습니다. 그리고 휴대폰을 보면서 길을 건너면 사고가 날 수도 있습니다. 이렇게 안 좋은 습관은 고쳐야 합니다.

💡 **tip** 나쁜 습관은 고쳐야 합니다. (휴대폰을 오래 보는 것, 걸으면서 휴대폰을 보는 것)

48. ❸ 어른에게 인사할 때는 모자를 벗어야 합니다.

> 저는 모자를 좋아합니다. 그래서 외출할 때 꼭 모자를 쓰고 나갑니다. 그런데 어제 모자를 쓰고 할아버지께 인사를 해서 혼났습니다. 앞으로 모자를 벗고 인사해야겠습니다.

💡 **tip** 할아버지께 인사할 때 모자를 벗고 인사해야 합니다.
★ 할아버지 → 어른

[49-50] 다음을 읽고 물음에 답하십시오.

> 저는 언니가 한 명 있습니다. 언니는 대학교에서 디자인을 공부하는데 아주 재미있고 성격이 밝습니다. 우리는 사진 찍는 것을 좋아합니다. 그래서 한국에 오기 전에는 언니하고 주말에는 사진을 많이 찍었습니다. 그런데 요즘 전화를 자주 못해서 언니가 많이 (㉠ 그립습니다).

49. ❶ 그립습니다
> ◑ 언니와 자주 전화를 못합니다. 언니가 보고 싶습니다.
> (= 그립습니다)

50. ❹ 저와 언니는 모두 사진 찍는 것을 좋아합니다.

[51-52] 다음을 읽고 물음에 답하십시오.

> 한국의 지하철은 안전합니다. 그리고 교통 카드를 사용할 수 있어서 이용하기가 편리합니다. 서울의 지하철은 1호선부터 9호선까지 있는데 호선마다 색이 (㉠ 다르기 때문에) 가고 싶은 역을 쉽게 찾을 수 있습니다. 그리고 안내 방송이 나와서 어느 역인지 쉽게 알 수 있습니다. 그리고 65세 이상 노인은 무료로 지하철을 이용할 수도 있습니다.

51. ❸ 다르기 때문에
> ◑ 색이 다릅니다. 그래서 가고 싶은 역을 쉽게 찾을 수
>   (이유)
> 있습니다.
> ★ 이유: A/V-아서/어서
>   = A/V-기 때문에

52. ❷ 지하철의 좋은 점
> ◑ 안전합니다.
> 가고 싶은 역을 쉽게 찾을 수 있습니다.
> 안내 방송이 나옵니다.
> 65세 이상 노인은 무료입니다.

[53-54] 다음을 읽고 물음에 답하십시오.

> 제 취미는 등산입니다. 그래서 시간이 있으면 등산을 갑니다. 혼자 갈 때도 있고 친구와 같이 갈 때도 있습니다. 이번 주말에는 친구와 등산을 (㉠ 가기로 했습니다). 그런데 일기예보에서 주말에 비가 온다고 했습니다. 날씨 때문에 약속을 취소해야 해서 기분이 안 좋습니다.

53. ❸ 가기로 했습니다
   ▶ V-기로 하다 (약속)
   ★ V-고 있다 (진행)
   　V-(으)ㄴ 적이 있다 (경험)
   　V-(으)면 안 되다 (금지)

54. ❸ 주말에 비가 와서 등산을 못 갑니다.
   ▶ 날씨 때문에 약속을 취소해야 해서

[55-56] 다음을 읽고 물음에 답하십시오.

> 한국에서는 자장면부터 피자까지 거의 모든 음식을 배달해 줍니다. 또 마트에서 산 물건도 집까지 배달해 주어서 아주 편리합니다. 이러한 배달 문화는 바쁜 한국인들에게 아주 중요한 생활 문화입니다. (㉠ 그리고) 외국인들도 좋아하는 한국 문화 중의 하나입니다.

55. ❸ 그리고
   ▶ 한국인에게 중요한 생활 문화입니다. 그리고 외국인도 좋아하는 한국 문화입니다.

56. ❹ 외국인들은 한국의 배달 문화를 좋아합니다.

[57-58] 다음을 순서대로 맞게 나열한 것을 고르십시오.

57. ❹ (다)-(라)-(가)-(나)

> (가) 지갑 안의 사진을 꼭 찾고 싶습니다.
> (나) 지갑을 보신 분은 꼭 연락해 주십시오.
> (다) 어제 도서관 근처에서 지갑을 잃어버렸습니다.
> (라) 그 지갑 안에는 가족사진과 신분증이 있습니다.

> 💡 **tip** 시작하는 말입니다. → 언제 무슨 일이 있었습니까?

58. ❹ (다)-(라)-(나)-(가)

> (가) 꼭 오셔서 구경하십시오.
> (나) 음료수와 과자도 준비했습니다.
> (다) 저희 동호회에서는 사진 전시회를 엽니다.
> (라) 전시회는 오전 9시부터 오후 6시까지입니다.

> 💡 **tip** 시작하는 말입니다. → 무엇을 합니까?

[59-60] 다음을 읽고 물음에 답하십시오.

> (㉠) 생일이나 결혼식 같이 기쁜 날 우리는 선물을 합니다. (㉡ 선물을 고를 때 뭘 사야 할지 모를 때가 많습니다.) 그럴 때는 우선 선물을 받는 사람의 나이나 취미 등을 잘 생각하면 좋습니다. (㉢) 그리고 무슨 일로 축하를 하는지 생각하면 어떤 선물을 할지 결정하기가 쉬워집니다. (㉣)

59. ❷ ㉡

60. ❸ 왜 선물을 사는지 생각하면 고르기가 쉽습니다.
   > 💡 **tip** 무슨 일로 축하를 하는 지 → 왜 선물을 사는지

[61-62] 다음을 읽고 물음에 답하십시오.

> 저는 운동을 좋아합니다. 그래서 저녁마다 (㉠ 운동을 하러) 공원에 갑니다. 공원에 가면 달리기를 할 수 있는 곳이 있습니다. 그 곳에서 매일 30분씩 달리기를 합니다. 달리기를 하면 스트레스도 풀립니다. 운동을 매일 하니까 건강도 좋아지는 것 같습니다. 앞으로 계속 운동을 할 계획입니다.

61. ❷ 운동을 하러
   ▶ 왜 공원에 갑니까? 운동을 하러 갑니다.
   ★ V-(으)러 가다
   　예 소포를 보내러 우체국에 갑니다.

62. ❸ 달리기를 하면 스트레스가 풀립니다.

[63-64] 다음을 읽고 물음에 답하십시오.

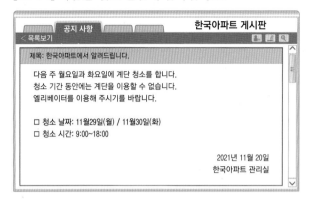

63. ❹ 청소 날짜와 시간을 알려 주려고

64. ❷ 이틀 동안 계단 청소를 할 겁니다.
- ➡ 11월 29일~30일 (이틀)
  - ★ 9:00~18:00 → 오전 9시~오후 6시

[65-66] 다음을 읽고 물음에 답하십시오.

　딸기는 많은 사람들이 좋아하는 과일입니다. 그냥 먹어도 맛있지만 다양한 방법으로 여러 가지 음식을 만들 수 있습니다. 딸기와 설탕을 같이 오랫동안 (㉠ 끓이면) 딸기잼이 됩니다. 그리고 딸기와 시원한 얼음으로 주스도 만듭니다. 또 딸기로 맛있는 케이크를 만들기도 합니다. 이렇게 딸기는 다양하게 먹을 수 있는 과일입니다.

65. ❶ 끓이면
- ➡ V–(으)면 N이/가 되다
  - ㉮ 오랫동안 끓이면 딸기잼이 됩니다.

66. ❸ 딸기를 사용한 다양한 음식이 있습니다.
- ➡ 딸기잼, 딸기 주스, 딸기 케이크

[67-68] 다음을 읽고 물음에 답하십시오.

　황사는 주로 3월에서 4월까지 많이 생깁니다. 황사는 모래와 작은 돌이 바람과 함께 불어오는 것입니다. 황사가 생기면 특별히 건강에 주의해야 합니다. 모래가 사람의 코와 입으로 들어가면 나쁜 병이 생길 수 있기 때문입니다. 그래서 황사 바람이 불 때는 평소보다 더 (㉠ 건강에 관심을 가져야 합니다).

67. ❹ 건강에 관심을 가져야 합니다.
- ➡ 건강을 조심해야 합니다.
  - ★ 황사가 생기다 → 황사 바람이 불다

68. ❹ 황사 모래는 건강에 안 좋을 수 있습니다.
- ｜tip｜ 황사 모래 때문에 나쁜 병이 생길 수 있습니다.
  - → 건강에 안 좋습니다.

[69-70] 다음을 읽고 물음에 답하십시오.

　어제 우리 옆집에 새로운 이웃이 이사를 왔습니다. 할아버지, 할머니, 아빠, 엄마, 아이가 두 명이나 있는 식구가 많은 가족이었습니다. 저는 새로 이사 온 가족과 반갑게 인사를 했습니다. 그리고 저녁에는 같이 밥을 먹고 웃으면서 이야기를 나눴습니다. 시간이 금방 지나가는 것 같았습니다. 옆집 식구들과 함께 있어서 정말 좋았습니다. 앞으로도 (㉠ 가깝게 지낼 것 같습니다).

69. ❸ 가깝게 지낼 것 같습니다
- ➡ 앞으로 잘 지낼 것 같습니다.

70. ❹ 저는 어제 옆집 가족과 즐거운 시간을 보냈습니다.

실전모의고사 5회

정답

듣기

1. ②	2. ④	3. ③	4. ①	5. ①
6. ③	7. ④	8. ①	9. ①	10. ④
11. ④	12. ①	13. ①	14. ②	15. ①
16. ②	17. ③	18. ④	19. ①	20. ①
21. ③	22. ④	23. ④	24. ④	25. ④
26. ③	27. ①	28. ④	29. ①	30. ④

읽기

31. ④	32. ①	33. ①	34. ④	35. ④
36. ②	37. ②	38. ①	39. ④	40. ①
41. ④	42. ④	43. ②	44. ④	45. ④
46. ④	47. ②	48. ④	49. ④	50. ②
51. ①	52. ④	53. ③	54. ①	55. ②
56. ④	57. ②	58. ②	59. ③	60. ③
61. ③	62. ④	63. ④	64. ②	65. ①
66. ④	67. ④	68. ④	69. ③	70. ③

듣기 (1번 ~ 30번)

[1-4] 다음을 듣고 보기 와 같이 물음에 맞는 대답을 고르십시오.

1. ❷

> 남자: 동생이 있어요?
> 여자: 네, 동생이 있어요.

대답 네, N이/가 있어요
아니요, N이/가 없어요

2. ❹

> 남자: 숙제했어요?
> 여자: 아니요, 숙제 안 했어요.

대답 네, A/V–았어요/었어요
아니요, A/V–지 않았어요
아니요, 안 A/V–았어요/었어요

3. ❸

> 남자: 집에 자주 전화해요?
> 여자: 아니요, 가끔 해요.

대답 네, 자주 전화해요.
아니요, 가끔 전화해요.
아니요, 거의 안 해요.

4. ❶

> 남자: 사과 몇 개 드릴까요?
> 여자: 세 개 주세요.

tip 몇 개 → 한 개, 두 개, 세 개

[5-6] 다음을 듣고 보기 와 같이 이어지는 말을 고르십시오.

5. ❶

> 남자: 여기에서 사진을 찍지 마세요.
> 여자: 알겠습니다.

대답 알겠습니다. / 네.

6. ❸

> 여자: 안녕하세요? 저는 김수미입니다.
> 남자: 만나서 반가워요.

대답 만나서 반가워요.
tip 처음 만났습니다. 소개합니다.

[7-10] 여기는 어디입니까? 보기와 같이 알맞은 것을 고르십시오.

7. ④

여자: 이 구두 얼마예요?
남자: 25,000원이에요.

💡 tip 구두를 삽니다. 신발 가게입니다.

8. ①

여자: 선생님, 제가 칠판을 지울게요.
남자: 네, 고마워요.

💡 tip 여자가 선생님께 이야기합니다. 칠판이 있습니다.
여기는 교실입니다.

9. ①

여자: 어떻게 오셨어요?
남자: 소화제 좀 주세요.

💡 tip 소화제는 약입니다. 약을 삽니다. 약국입니다.

10. ④

여자: 입장권 두 장 주세요.
남자: 여기 있습니다.

💡 tip 입장권은 매표소에서 삽니다. (경복궁에 갑니다. 매표소에서 입장권을 삽니다.)

[11-14] 다음은 무엇에 대해 말하고 있습니까?
보기와 같이 알맞은 것을 고르십시오.

11. ④

남자: 요즘 비가 자주 오는 것 같아요.
여자: 네, 여름에는 비가 자주 와요.

💡 tip 여름에 비가 자주 옵니다. 장마입니다.

12. ①

여자: 저분은 누구세요?
남자: 옆집에 사는 분이에요.

💡 tip 옆집에 사는 사람은 이웃입니다.

13. ①

남자: 대학교에서 뭘 공부하고 있어요?
여자: 역사를 공부하고 있어요.

💡 tip 대학교에서 역사를 공부합니다. 전공입니다.
★ 전공이 뭐예요? - 역사학입니다.

14. ②

여자: 한국에서는 설날에 뭐 해요?
남자: 가족들과 떡국을 먹어요

💡 tip 설날, 추석 → 명절

[15-16] 다음 대화를 듣고 알맞은 그림을 고르십시오.

15. ①

여자: 책상이 무거운데 같이 좀 들어 줄래요?
남자: 네, 제가 여기를 들게요.

💡 tip 여자와 남자가 책상을 같이 듭니다.

16. ❷

여자: 드라마 할 시간이에요. 빨리 텔레비전을 켜요.
남자: 그래요? 알겠어요.

💡 tip 여자와 남자가 텔레비전을 보려고 합니다.

[17-21] 다음을 듣고 보기와 같이 대화 내용과 같은 것을 고르십시오.

17. ❸ 여자는 다른 냉장고도 더 구경할 겁니다.

여자: 저기…… 냉장고를 사고 싶은데 크지 않으면 좋겠어요.
남자: 이 냉장고는 어떠세요? 아래는 김치를 따로 넣을 수 있어서 손님들에게 인기가 많아요.
여자: 좋네요. 그런데 김치 냉장고가 따로 있어서요. 다른 거 좀 더 보여 주세요.

💡 tip 여자는 김치 냉장고가 있습니다. 다른 냉장고를 보고 싶어합니다.

18. ❹ 남자는 가지 않는 것이 좋다고 생각합니다.

여자: 저쪽에 사람들이 많이 있네요.
남자: 누가 다친 것 같아요. 구급차가 와 있어요.
여자: 그래요? 우리도 가서 도와줄까요?
남자: 우리가 할 수 있는 일이 없을 거예요. 여기에 있는 게 좋겠어요.

💡 tip 남자는 사고가 난 곳에 가지 않고 여기에 있는 것이 좋다고 생각합니다.

19. ❶ 여자는 요가를 배워 봤습니다.

여자: 안녕하세요? 요가를 배우러 왔는데요.
남자: 아, 네. 요가를 배워 본 적이 있으세요?
여자: 네, 1년 전에 조금 배웠어요. 하지만 잘 못해요.
남자: 그럼, 처음부터 다시 배우시는 것이 좋을 것 같네요.

💡 tip V-아/어 본 적이 있다 = V-아/어 보다
여자는 요가를 배운 적이 있습니다. = 여자는 요가를 배워 봤습니다.

20. ❶ 남자는 지하철을 타고 식당에 갈 겁니다.

여자: (전화 벨 울리는 소리) 네, 세종식당입니다.
남자: 지금 가려고 하는데요. 식당에 주차장이 있나요?
여자: 죄송합니다. 여기는 주차장이 따로 없습니다. 지하철을 이용해 주세요.
남자: 네, 알겠습니다.

💡 tip 지하철을 이용하다 → 지하철을 타다
식당에 주차장이 없습니다. 남자는 지하철로 식당에 갈 겁니다.

21. ❸ 남자는 옷을 얇게 입었습니다.

여자: 와, 벌써 꽃이 많이 피었네요.
남자: 네, 그런데 바람이 많이 불어서 좀 추워요.
여자: 너무 얇게 입은 거 아니에요? 아직 아침에는 쌀쌀해서 따뜻하게 입어야 해요.
남자: (기침 소리) 그래야겠어요. 그만 집에 가요.

💡 tip 여자는 남자가 옷을 얇게 입었다고 생각합니다.

[22-24] 다음을 듣고 <u>여자</u>의 중심 생각을 고르십시오.

22. ❹ 박물관 안내원의 설명을 들으면서 보면 더 좋습니다.

> 남자: 내일 역사박물관에 가려고 하는데 같이 갈래요?
>
> 여자: 좋아요. 저도 역사에 관심이 많아요. 그런데 박물관에 몇 시에 가면 안내원의 설명을 들을 수 있는지 알아요?
>
> 남자: 설명이요? 그냥 우리가 구경하면 되는 거 아니에요?
>
> 여자: 그것도 좋지만 박물관 안내원의 설명을 들으면서 보면 더 많은 것을 알 수 있어서 좋아요.

💡 tip 여자가 하고 싶은 말: 박물관 안내원의 설명을 들으면서 보면 더 좋습니다.

23. ❹ 겨울에도 밖에서 재미있게 할 수 있는 것이 많습니다.

> 남자: 우와~! 겨울에 하는 축제가 많네요.
>
> 여자: 네, 얼음낚시 축제도 있고 눈 축제도 있어요.
>
> 남자: 재미있을 것 같아요.
>
> 여자: 그럼요, 겨울에도 밖에서 할 수 있는 것이 많아요.

💡 tip 여자가 하고 싶은 말: 겨울에도 밖에서 할 수 있는 재미있는 활동이 많습니다.

24. ❹ 조금 아플 때는 가벼운 운동이 도움이 됩니다.

> 남자: 지금 어디에 가요?
>
> 여자: 운동하러 가려고요.
>
> 남자: 감기에 걸렸을 때는 집에서 쉬는 게 좋아요.
>
> 여자: 아니에요. 이렇게 많이 아프지 않을 때는 집에만 있는 것보다 간단한 운동을 하는 게 좋아요.

💡 tip 여자가 하고 싶은 말: 조금 아플 때는 간단한 운동이 좋습니다. (= 도움이 됩니다.)

★ A보다 B가 좋다 (= B가 좋다)

[25-26] 다음을 듣고 물음에 답하십시오.

> 여자: 고객 여러분께 안내 말씀드립니다. 오늘 오후 6시부터 1층 화장품 매장에서 유명 배우 이시은 씨의 사인회가 있습니다. 사인회는 6시부터 7시까지 1시간 동안 합니다. 사인도 받고 배우 이시은 씨와 사진도 찍으십시오. 그리고 사인을 받으신 분께는 화장품 샘플도 드립니다. 많이 오셔서 사인 받으세요.

25. ❹ 유명 배우의 사인회 안내
➡ 유명 배우 이시은 씨의 사인회가 있습니다. (장소, 시간, 행사 내용)

26. ❸ 사인을 받으면 화장품 샘플도 받을 수 있습니다.
➡ 사인을 받은 분께 화장품 샘플도 드립니다.

[27-28] 다음을 듣고 물음에 답하십시오.

> 남자: 어서 오세요. 뭘 도와드릴까요?
>
> 여자: 이번 주 토요일에 친구와 1박 2일로 경주에 가려고 하는데요.
>
> 남자: 그럼 2박 3일로 경주와 부산을 같이 가는 건 어떠세요? 경주에서 부산까지는 가까우니까 부산도 가 보면 좋을 거예요.
>
> 여자: 좋아요. 그걸로 할게요. 그런데 고속버스로 가요?
>
> 남자: 아니요. KTX를 타고 가니까 아주 편하실 거예요.

27. ❶ 거리가 가까워서
➡ 경주에서 부산까지 거리가 가깝습니다. 그래서 같이 가면 좋습니다.

28. ❹ 남자는 여자에게 여행 상품을 소개했습니다.
➡ 남자는 여행사 직원입니다. 여자에게 여행 상품을 소개하고 있습니다.

[29-30] 다음을 듣고 물음에 답하십시오.

> 여자: 어서 오세요. 어떤 운동을 하려고 하세요? 저희 스포츠센터에서는 다양한 운동을 배우실 수 있습니다.
> 남자: 요즘 운동을 안 해서 몸이 안 좋아졌어요. 어떤 운동을 하면 좋을까요?
> 여자: 전에 다른 운동을 해 보신 적이 있으세요?
> 남자: 3년 전에 수영을 배운 적이 있어요. 그런데 오래 배우지 않아서 잘 못해요.
> 여자: 그럼 수영을 다시 배워 보시면 어떨까요? 수영은 아침부터 저녁까지 수업이 있고, 주말에는 오셔서 연습도 할 수 있습니다.
> 남자: 그럴까요? 그럼 수영을 시작해 보겠습니다.

29. ❶ 건강이 나빠져서
- ▶ 남자는 운동을 안 해서 건강이 나빠졌습니다.
- 💡 tip 몸이 안 좋아졌어요. → 건강이 나빠졌어요.

30. ❹ 스포츠센터에서는 여러 가지 운동을 배울 수 있습니다.
- ▶ 다양한 운동 (= 여러 가지 운동)

[31-33] 무엇에 대한 이야기입니까? 보기 와 같이 알맞은 것을 고르십시오.

31. ❹

> 오늘은 토요일입니다. 내일은 일요일입니다.

💡 tip 토요일, 일요일 → 요일

32. ❶

> 저는 스무 살입니다. 동생은 열아홉 살입니다.

💡 tip 20살, 19살 → 나이

33. ❶

> 내일은 설날입니다. 설날에는 3일 동안 쉽니다.

💡 tip 3일 쉽니다. → 연휴
★ 하루 쉽니다. → 휴일

[34-39] 보기 와 같이 ( )에 들어갈 가장 알맞은 것을 고르십시오.

34. ❹

> 음료수를 삽니다. (편의점)에 갑니다.

💡 tip 음료수는 어디에서 살 수 있습니까? 마트, 편의점에서 살 수 있습니다.

35. ❹

> 저녁을 안 먹었습니다. (이따가) 먹을 겁니다.

💡 tip 조금 후에 → 이따가
★ 아까 먹었습니다. / 일찍 먹었습니다. / 자주 먹습니다.

36. ❷

한국어를 배웁니다. 중국어(도) 배웁니다.

💡 tip 한국어를 배웁니다. 중국어도 배웁니다.

37. ❷

내일 단어 시험이 있습니다. 지금 단어를 (외웁니다).

💡 tip 내일 단어 시험이 있습니다. 단어를 공부합니다.
외웁니다.

38. ❶

친구가 피아노를 (칩니다). 저는 바이올린을 켭니다.

💡 tip 피아노를 치다 / 기타를 치다
★ 하모니카를 불다

39. ❹

출근 시간입니다. 지하철이 (복잡합니다).

💡 tip 출근 시간입니다. 지하철에 사람이 많습니다.
지하철이 복잡합니다.

[40-42] 다음을 읽고 맞지 <u>않는</u> 것을 고르십시오.

40.

> **책상을 싸게 팝니다**
> 다음 달에 고향으로 돌아갑니다.
> 그래서 책상을 싸게 팝니다.
> 책상은 산 지 6개월 되었습니다. 아주 깨끗합니다.
> 책상을 사시면 의자도 드립니다.
> 아래 번호로 연락 주세요.
> 연락처: 010-1234-5678

❶ 새 책상을 사려고 팝니다.
➡ 고향에 돌아가서 책상을 팝니다.

💡 tip 의자도 드립니다. → 의자를 무료로 줍니다.

41.

> **주의사항**
>
> • 도서관 안에서 떠들지 마십시오.
> • 도서관 안에서 통화하지 마십시오.
> • 도서관 안에서 음식을 드시지 마십시오.
>   (※가지고 온 음식은 식당에서 드십시오.)
> • 도서관 안에서 담배를 피우지 마십시오.

❹ 도서관에 음식을 가지고 올 수 없습니다.
➡ 도서관에 가지고 온 음식은 식당에서 먹을 수 있습니다.

42.

> **어린이 수영 교실**
>
> 기간: 7월~8월 (방학 기간)
> 장소: 서울 실내 수영장
> 대상: 서울에 사는 초등학생
>
> 초급: 10:00~11:00 ·········· 40,000원(1개월)
> 중급: 12:00~13:00 ·········· 50,000원(1개월)

❸ 중학생도 수영을 배울 수 있습니다.
➡ 초등학생만 배울 수 있습니다.

[43-45] 다음의 내용과 같은 것을 고르십시오.

43. ❷ 저는 꽃이 많이 피어서 좋았습니다.

저는 오늘 아침에도 공원에서 산책을 했습니다.
지난주와 다르게 여기 저기 꽃이 많이 피어 있었습니다. 저는 봄을 제일 좋아하는데 봄을 느낄 수 있어서 좋았습니다.

💡 tip 지난주에는 꽃이 별로 없었습니다. 이번 주에는 꽃이
많이 피었습니다. → 그래서 좋았습니다.

44. ❷ 저는 한국어를 가르치고 싶습니다.

저는 미국 사람입니다. 한국어를 배우려고 한국에 왔습니다. 저는 한국어 선생님이 되고 싶습니다.
그래서 학교에서 한국어와 한국 문화 수업을 듣습니다.

💡 tip 한국어 선생님 → 한국어를 가르칩니다.

45. ❹ 저는 김치를 정말 좋아합니다.

> 저는 한국 음식을 좋아합니다. 그중에서 김치를 제일 좋아해서 자주 먹습니다. 어제는 김치를 직접 만들어 봤습니다. 그런데 제가 만든 김치는 너무 맛없었습니다.

💡 tip 한국 음식 중에서 김치를 제일 좋아합니다.

[46-48] 다음을 읽고 중심 생각을 고르십시오.

46. ❹ 아르바이트를 할 수 있으면 좋겠습니다.

> 다음 주부터 방학입니다. 저는 방학에 아르바이트를 하려고 합니다. 그래서 내일 친구가 소개해 준 곳에 면접을 보러 갑니다. 면접을 잘 보면 좋겠습니다.

💡 tip 면접을 잘 봐서 아르바이트를 하고 싶습니다.

47. ❷ 공부는 재미있게 해야 합니다.

> 저는 한국 음악을 들으면서 공부합니다. 음악을 들으면서 공부하면 재미있게 공부할 수 있습니다. 재미있게 공부하니까 한국어 실력도 많이 늘었습니다.

💡 tip 재미있게 공부하는 것이 중요합니다.

★ 한국어 실력이 늘었습니다. (= 한국어 실력이 좋아졌습니다.)

48. ❹ 저는 친구 때문에 가끔 힘듭니다.

> 저는 친구와 같이 삽니다. 친구는 한국어를 잘 못합니다. 그래서 항상 제가 물건을 사거나 장을 봅니다. 가끔 힘들 때가 있습니다.

💡 tip 친구가 한국어를 잘 못해서 이 사람이 항상 장을 봅니다. → 친구 때문에 가끔 힘듭니다.

[49-50] 다음을 읽고 물음에 답하십시오.

> 제주 시티투어버스를 들어본 적이 있습니까? 제주 시티투어버스를 타면 제주도 곳곳을 구경할 수 있습니다. 특히 내리고 싶은 곳에서 내려서 (㉠ 구경할 수 있어서) 재미있게 여행을 할 수 있을 것입니다. 제주도에 여행 가면 제주 시티투어버스를 타 보세요.

49. ❹ 구경할 수 있어서

💡 tip 시티투어 버스를 타면 내리고 싶은 곳에 내려서 구경할 수 있습니다. 그래서 재미있게 여행을 할 수 있습니다.

50. ❷ 시티투어버스로 제주도 여행을 할 수 있습니다.

[51-52] 다음을 읽고 물음에 답하십시오.

> 외국인들이 한국에서 김치 만들기나 K-pop 댄스 배우기 등 여러 가지 한국 문화를 체험할 수 있는 곳이 있습니다. 벌써 많은 외국인들이 이곳에서 (㉠ 다양한) 한국 문화를 체험했습니다. 이곳의 체험 프로그램은 누구나 할 수 있고 무료입니다. 체험을 하고 싶은 사람은 홈페이지에서 신청을 하면 됩니다.

51. ❶ 다양한

💡 tip 여러 가지 한국 문화 → 다양한 한국 문화

52. ❹ 한국 문화 체험 방법 소개

➡ 누구나, 무료, 홈페이지에서 신청 (한국 문화 체험 방법)

[53-54] 다음을 읽고 물음에 답하십시오.

> 저는 사진 찍는 것을 좋아합니다. 하지만 사진을 잘 찍지는 못합니다. 그래서 사진 동아리에 가입했습니다. 사진 동아리에 가면 선배들에게 사진 찍는 것을 배울 수 있습니다. 이번 주 토요일에는 동아리 친구들과 같이 한강에서 사진을 (㉠ 찍으려고 합니다).

53. ❸ 찍으려고 합니다

➡ 이번 주 일요일 계획을 말하고 있습니다.

💡 tip V-(으)려고 하다 (계획)

54. ❶ 제 취미는 사진 찍는 것입니다.
➡ 취미가 뭐예요? 저는 사진 찍는 것을 좋아합니다.

[55-56] 다음을 읽고 물음에 답하십시오.

　한복은 한국의 전통 옷으로 설이나 추석 같은 명절에 주로 입습니다. 하지만 내년부터 한복을 교복으로 입는 학교가 생깁니다. 사람들은 한복을 교복으로 입으면 불편할 것이라고 생각하지만 한복 교복은 학생들이 생활할 때 불편하지 않게 만들었습니다. (㉠ 그리고) 현재 여학생 교복은 치마만 있지만 한복 교복은 치마와 바지 중에서 선택할 수 있습니다.

55. ❷ 그리고
➡ 한복 교복은 불편하지 않게 만들었습니다. (그리고) 치마와 바지 중에서 <u>선택할</u> 수 있습니다.
　　　　　　　　　　　　　　(= 고르다)

㉠ 지하철은 빠릅니다. 그리고 편리합니다.

56. ❹ 한복을 교복으로 입는 학교가 생길 겁니다.

[57-58] 다음을 순서대로 맞게 나열한 것을 고르십시오.

57. ❷ (가)-(다)-(라)-(나)

(가) 추석과 설날은 한국의 큰 명절입니다.
(나) 이렇게 한국은 명절마다 먹는 음식이 다릅니다.
(다) 설날은 음력 1월 1일로 아침에 떡국을 먹습니다.
(라) 추석은 음력 8월 15일로 송편을 만들어서 먹습니다.

💡 tip 시작하는 말: 무엇에 대해 이야기합니까?

58. ❷ (가)-(나)-(라)-(다)

(가) 오늘은 부동산에 갔습니다.
(나) 두 달 후에 집 계약이 끝나기 때문입니다.
(다) 그리고 월세는 비싸지 않으면 좋겠습니다.
(라) 이번에는 깨끗하고 조용한 집을 구하고 싶습니다.

💡 tip 시작하는 말: 언제 무엇을 했습니까?

[59-60] 다음을 읽고 물음에 답하십시오.

　요즘 커피숍의 분위기가 달라지고 있습니다. (㉠) 예전에는 커피숍에 커피를 마시거나 친구를 만나러 많이 갔습니다. (㉡) 하지만 요즘은 혼자 책을 읽거나 공부를 하러 가는 사람들이 많습니다. (㉢ 그래서 커피숍의 자리도 많이 바뀌었습니다.) 혼자 앉을 수 있는 자리, 노트북을 사용할 수 있는 자리, 같이 모여서 공부를 할 수 있는 자리가 생겼습니다. (㉣)

59. ❸ ㉢
➡ <u>혼자 공부를 하러 가는 사람들이 많습니다.</u> 그래서
　　　　　　　　(이유)

<u>커피숍의 자리도 많이 바뀌었습니다.</u>
　　　　　(결과)

60. ❸ 커피숍에서 노트북으로 공부할 수 있습니다.
➡ 노트북을 사용할 수 있는 자리가 있습니다. 그래서 이 커피숍에서 노트북으로 공부할 수 있습니다.

[61-62] 다음을 읽고 물음에 답하십시오.

　최근 전통 시장에 관광객이 많아지고 있습니다. 그중에서 통인시장이 많은 외국인에게 (㉠ 사랑을 받고) 있습니다. 그 이유는 바로 '도시락' 때문입니다. 통인시장에서는 한국의 옛날 돈으로 여러 가지 반찬을 사서 나만의 도시락을 만들 수 있습니다. 이렇게 한국의 다양한 음식을 즐길 수 있는 통인시장의 '도시락'은 외국인들에게 인기 있는 관광 상품이 되었습니다.

61. ❸ 사랑을 받고
➡ 인기가 있다 = 사랑을 받다

62. ❹ 시장에서 다양한 한국 음식을 먹을 수 있습니다.
➡ <u>다양한 음식을 즐길 수 있다.</u>
　　(= 다양한 음식을 먹을 수 있다.)

[63-64] 다음을 읽고 물음에 답하십시오.

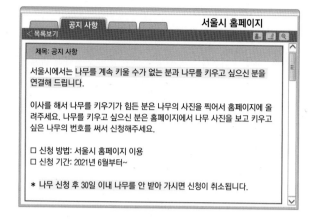

63. ❹ 나무를 나누는 방법을 알려주기 위해서

64. ❷ 나무 신청 후 한 달 안에 나무를 받아가야 합니다.
    💡 tip 30일 이내 → 30일 안에
           신청이 취소되다 → 나무를 받아갈 수 없습니다.

[65-66] 다음을 읽고 물음에 답하십시오.

　　운동이나 좋은 식사 습관은 노인들의 건강에 좋습니다. 하지만 이것보다 더 중요한 것이 있습니다. 바로 '말하기'입니다. 특히 65세 이상의 노인에게 그렇습니다. 노인들은 혼자 있는 시간이 많아 외롭습니다. 이럴 때 자주 친한 사람들과 대화를 해야 합니다. (㉠ 전화나) 메시지보다는 직접 만나서 이야기를 하는 것이 건강에 도움이 됩니다.

65. ❶ 전화나
    ➡ A보다 B이/가 좋다
    💡 tip 전화 또는 메시지: 전화나 메시지

66. ❹ 노인 건강에 말하기는 매우 중요합니다.

[67-68] 다음을 읽고 물음에 답하십시오.

　　저는 지금 일 때문에 한국에 온 지 6개월 되었습니다. 한국에 있기 때문에 고향이 더욱 그립습니다. 이곳은 지금 봄이라서 꽃구경을 하는 가족을 볼 때마다 고향에 있는 (㉠ 가족 생각이 더 많이 납니다). 고향에 가면 부모님과 친구들을 만나서 함께 시간을 보낼 것입니다. 빨리 일을 끝내고 고향에 돌아가기만을 기다리고 있습니다.

67. ❹ 가족 생각이 더 많이 납니다
    💡 tip 가족이 보고 싶습니다. → 가족 생각이 납니다.

68. ❹ 저는 고향을 떠난 지 반 년 정도 됐습니다.
    💡 tip 6개월 → 반 년

[69-70] 다음을 읽고 물음에 답하십시오.

　　우리는 영화를 볼 때 보통 극장에 갑니다. 집에서도 영화는 볼 수 있지만 큰 화면으로 봐야 더 재미있기 때문입니다. 그런데 극장에 가면 옆에서 음료수나 팝콘을 먹는 사람들이 많습니다. 그래서 영화를 볼 때 (㉠ 시끄러울 때가 있습니다). 하지만 자동차 극장은 자동차 안에서 보기 때문에 조용히 영화를 볼 수 있어서 좋습니다.

69. ❸ 시끄러울 때가 있습니다
    ➡ 하지만 자동차 극장은 조용합니다.
    ★ 시끄럽습니다 ↔ 조용합니다

70. ❸ 극장보다 자동차 극장이 영화보기 좋습니다.

초판인쇄	2021년 3월 1일
초판발행	2021년 3월 12일

저자	곽수옥, 김새미, 오세라, 한인숙
책임편집	양승주, 권이준
펴낸이	엄태상
디자인	권진희, 진지화
조판	이서영
콘텐츠 제작	김선웅, 김현이
마케팅	이승욱, 전한나, 왕성석, 노원준, 조인선, 조성민
경영기획	마정인, 조성근, 최성훈, 정다운, 김다미, 오희연
물류	정종진, 윤덕현, 양희은, 신승진

펴낸곳	한글파크
주소	서울시 종로구 자하문로 300 시사빌딩
주문 및 교재 문의	1588-1582
팩스	0502-989-9592
홈페이지	http://www.sisabooks.com
이메일	book_korean@sisadream.com
등록일자	2000년 8월 17일
등록번호	1-2718호

ISBN   978-89-5518-669-7 13710

한국어 능력시험

토픽
ON
유튜브
TOPIK on YouTube